いま、ここで輝く。

超進学校を飛び出したカリスマ教師
「イモニイ」と奇跡の教室

教育ジャーナリスト
おおたとしまさ

エッセンシャル出版社

はじめに

この本は、「イモニイ」こと井本陽久《いもとはるひさ》という一人の数学教師に密着したルポルタージュである。

「イモニイ」の名前を出せば、「ああ、聞いたことがある！」という教育関係者は多い。「あの先生はすごい」と、ほとんどクチコミで広がった。

どんな人物なのか。

飄々《ひょうひょう》としていて天真爛漫《てんしんらんまん》。『窓際のトットちゃん』がそのまま大人になったよう（要するに黒柳徹子みたいということか？）。それでいて、宮沢賢治の『雨ニモ負ケズ』を地で行くような生き方をしている。そしてひとたび教育のことになると、求道者と呼ぶにふさわしい切実な覚悟を感じさせる。その意味では、教育界のイチローといっても過言ではない。

何がすごいのか。

東大合格者数では全国トップレベルの超進学校に在籍してはいるが、イモニイのチャームポイントは、大学受験指導にあるのではない。「21世紀のグローバル人材を育成する」なんてお題目はこれっぽっちも掲《かか》げていない。「イケメンすぎる数学教師」という評判も、残念ながら聞かない。ちなみに見た目は、俳優の阿部寛を4割引にしたくらい（褒めすぎか？）。

それでもイモニイの授業には、全国の教員が見学に来る。学校の先生だけではない。カリスマ塾講師も、プロ家庭教師も、イモニイの授業を一目見ようとやってくる。そして一様に感激して帰っていく。イモニイの授業を受ける生徒たちの躍動感を目の当たりにすると、教育という営みそのものに、改めて大きな希望を感じられるようになるからだ。

イモニイが、中学受験塾で小学生の保護者向けに講演を行えば、保護者たちの表情はにこやかに、会場の空気は温かくなる。「こんな先生がいる学校に子どもを通わせたい」と強く思う一方で、「どんな学校に行くことになってもわが子は最高」と思えるようになるのだ。

「30年近く教員をやって、たくさんの子どもたちを見てきましたが、どんな大学を出たなんてことはまったく重要じゃありません。これからの社会ではこんな力が必要だから、それを身に付けさせるための教育をしようなんてことすら、僕は考えていません」とイモニイは断言する。

いま私たちは、めまぐるしい社会の変化につい目を奪われ、いつのまにか目が回ってしまい、目の前の子どもたちのことが見えなくなってしまってはいないだろうか。

急激なグローバリゼーションだとか、情報技術の発展だとか、ＡＩ（人工知能）の進歩だとか、たしかに世の中は大きく変化している。だから教育も変化しなければいけないとも叫ばれている。

しかしともすると、そのような言説をもとに繰り広げられる教育論議は、世の中の変化に、どうやって子どもたちを対応させるのかという話に陥りがちだ。まったくあべこべだ。

子どもたちが未来をつくるのであって、当たりっこない未来予想図に合わせた子どもたちをつくるのではない。教育の役割は、子どもたちに未来をつくる力を携えさせることであり、未来に怯えさせることではない。

とはいえ、教育が変わらなければいけないことも事実である。どう変えればいいのか。そのヒントが、イモニイの授業を受ける子どもたちの躍動感のなかにある。

一人でも多くの先生がイモニイ流のコツをつかんでくれれば、大げさな教育改革なんてしなくても、日本の教育は意外にあっさりと変わるかもしれない。イモニイと同じ視点から子どもたちを見つめれば、多くの親の不安が解消し、偏差値に振り回されるようなことが減るかもしれない。

そんな願いを込めて、本書を著す。現在の教育に対する痛烈な批判書であり、希望の書でもある。

目次

第3章 伝染《うつ》るんです

第4章 ジャッキー・チャン参上

第5章 鬱《うつ》るんです

第6章 「奇跡」のレシピ

第1章

「ド変態」たちの教室

他校からも続々と見学に来る授業

すーっと、清々《すがすが》しい風が通り抜ける教室。現代アートの美術館のような外観でありながら、一歩足を踏み入れるとまるで山荘に来たかのようなぬくもりと癒やしを感じる。世界的建築家・隈研吾《くまけんご》氏が監修した校舎は、2017年のグッドデザイン賞にも輝いた。

神奈川県鎌倉市にあるカトリック系の私立中高一貫校・栄光学園中学高等学校を訪れた。東大合格ランキングトップ10常連の超進学校である。東京大学名誉教授の養老孟司《ようろうたけし》氏、そして前出の隈研吾氏も同校出身だ。

この学校に、井本陽久《いもとはるひさ》さんというアラフィフの数学教師がいる。知る人ぞ知るカリスマ教師だ。ここでは生徒たちからの愛称「イモニイ」で呼ぶこととする。イモニイの授業を見学するのはこの日が初めてではない。自分の記録をたどると、最初の見学はもう5年以上も前のことであった。

東京の某女子校の数学の授業を取材した際、「手法」が井本先生のそれとそっくりだった。聞けば、まさに、イモニイの授業を参考にしたのだという。神奈川の某男子校もイモニイの「手法」をまねている。そして今回の中1の授業には、神奈川県の公立進学校3校からも、数学教師たちが見学に来ていた。

「最近、見学に来てくれる先生がとても多いですね。アクティブラーニングとか探究学習とかをやりなさいと言われるけれど、どうやっていいのかわからないようで、参考にしたいみたいなんです」(イモニイ、以下同)

理科や社会の授業であれば、アクティブラーニングや探究学習の形式は割と容易に想像できる。しかし数学でどうやって……。そう悩んだ数学教師たちがイモニイの授業を見に来るのである。

イモニイが担当するのは主に中学生の幾何。いま、日本の中学校・高校の全体的な傾向として、大学入試で直接的に得点に結びつきやすい代数に時間をかけ、幾何をおろそかにする風潮があるが、開成にしろ灘にしろ、トップ進学校では中学生のうちに幾何を徹底的にやる点が共通している。特に証明問題に時間をかける。決して飛躍を許さない論理的思考力を中学生のうちに鍛え上げることが、あらゆる学びの土台になるのだ。

その土台づくりが、栄光学園におけるイモニイの大きな役割だ。そしてその成果のごく一部が、東大合格者数であるといって差し支えないだろう。ちなみにイモニイ自身も、栄光学園の出身で、東大を卒業している。

イモニイの授業の特徴は3つあると私は思う。

1つめはゲーム性。授業の最後は、各自が課題プリントの問題をどんどん解いていく。1問解き終わるごとに教卓にいるイモニイに見せに行き、「YES！（正解）」か「Ouch！（不正解）」かを判定してもらう。正解すると、生徒はすぐさま自分の席に戻り、次の問題にとりかかる。同時にイモニイは手元のパソコンに何やら入力する。各生徒がいつどの問題をクリアしたのかをすべて記録し、それをポイント換算し、成績に加味するしくみになっている。生徒からしてみれば「ポイントゲット！」というわけだ。授業終了のチャイムまでできるだけ多くのポイントをゲットしようと、生徒たちは目の色を変える。

2つめは集団性。新しいことを習い、それを使って難しい問題を解くときには、4人のグループでアイディアを出しながら取り組ませる。どこに補助線を引いたらいいか、どんな定理を使えば証明ができるか、本当に論理的に正しいか、お互いに意見を言い合いながら、問題を解く。複数の視点や発想を取り入れることでより多くの気付きが得られ、生徒たちの理解が促進される。一人で机に突っ伏したまま「わかんねぇ」と時間だけが過ぎていくことも避けられる。

中学生のうちは論理の組み立てに集中

3つめが、先述の通り他校の教員もまねする「手法」。これこそがイモニイの幾何の真骨頂。幾何の証明問題の答案には一定の「お作法」が求められる。理屈はわかっていたのに証明の〝文章〟の書き方に不備があって減点されたという思い出があるひとも多いのではないだろうか。しかしイモニイの授業ではひとまずそこは置いておく。たとえば「下図のときAB∥CD（ABとCDは平行）を証明せよ」という問題（図1）の正解は、通常ならばこうなる。

図1

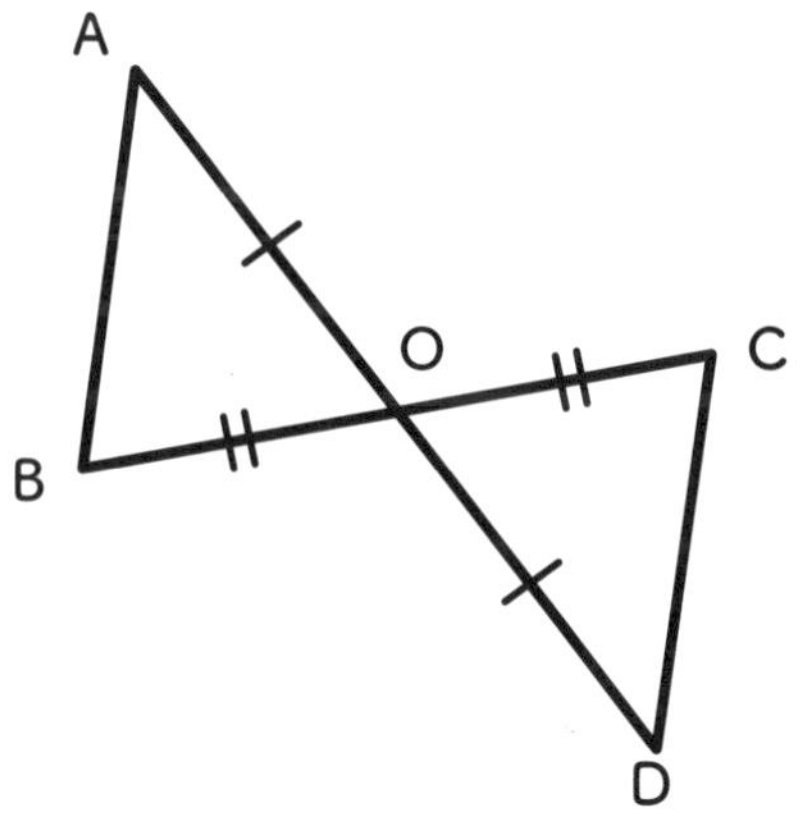

△OABと△ODCにおいて、問題の条件より、OA＝OD、OB＝OC
対頂角は等しいから∠AOB＝∠DOC
二辺とその夾角が等しいから、△OAB≡△ODC
よって∠OAB＝∠ODC
2直線がほかの1直線と交わってできる錯角が等しいならば、2直線は平行なので、AB∥CD（Q.E.D.（証明終了））

しかしイモニイの授業では、たった3文字で終わり。

正解は「ⓐⓚⓤ」。

どういうことか。
ⓐⓚⓤは、それぞれ「公理」を表す。ⓐは「対頂角の大きさは等しい」。ⓚは「2つの三角形において二辺夾角相等で合同」。ⓤは、ⓤ「2直線が平行ならば、他の1直線が交わってできる錯角は等しい」に対してその逆「2直線が他の1直線と交わってできる錯角

が等しいならば、2直線は平行である」を意味していて、結果、生徒たちは根拠として使っているのが、㋒なのか◎なのか、（A→BなのかB→Aなのか）を明確に把握することから逃げられないしくみになっている。授業で使用する実際のプリントが図2だ。

これらの「公理」を、イモニイの授業のなかでは「鍵」と呼ぶ。「この問題は、どの鍵とどの鍵をどんな順番で使えば開けられる?」などと使う。授業の初期段階では、「公理」によって「定理」を証明していく。授業のなかで証明された「定理」には記号が与えられ、それが新たな「鍵」となる。そうやって証明のための「根拠の鍵束」を増やしていく。

これらの記号は当然イモニイの授業だけで通用するルール。大学入試ではきちんと「お作法」通りの答案を書かなければ点はもらえない。しかし、イモニイはこういう。

「本来、論理と答案作成は別物なんです。中学生のうちは答案の文章の完成度を上げることに時間をかけるよりも自分の考えのなかで無意識に根拠とされているものや〝当たり前〟としているものをきちんと意識化する習慣を身に付けることのほうが大切。そうやって破綻のない論理を組み立てる経験を積み、その面白さを知ってほしい。そのためにあえて答案作成は後まわしにしています。もちろん根拠の意識化がある程度身に付いてから、正しい答案作成の作法も並行してしっかり教えます」

図2

数学β　難問に挑戦［3］<解答>

(170519)

> **問題**
> 下図において，$l \,//\, m$ を証明せよ。

まずは誤答から。次の誤答が何故誤答か，考えよう！

<誤証 1>((お))(う)((う))

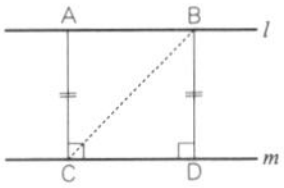

∠ACD＋∠BDC＝180°だから，AC//BD　((お))
よって，∠DCB＝∠ABC　(う)
∴l//m　(Q.E.D.)　((う))

<誤証 2>(う)(か)((う))

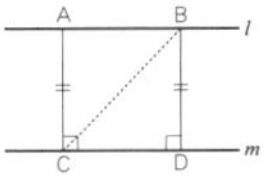

△ABC と△DCB において，
AC//BD だから，∠ACB＝∠DBC…①　(う)
AC＝DB…②
BC は共通…③
①②③より，2 辺とその夾角が等しいから，△ABC≡△DCB　(か)
よって，∠ABC＝∠DCB
∴l//m　(Q.E.D.)　((う))

<誤証 3>((お))(う)(け)(け)((う))

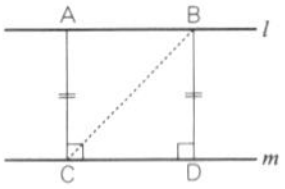

∠ACD＋∠BDC＝180°だから，AC//BD　((お))
よって，∠ACB＝∠DBC…①　(う)
△ABC と△DCB において，
∠ABC＝180°－∠CAB－∠ACB＝180°－90°－∠ACB＝90°－∠ACB…②　(け)
∠DCB＝180°－∠BDC－∠DBC＝180°－90°－∠DBC＝90°－∠DBC…③　(け)
①②③より，∠ABC＝∠DCB
よって，l//m　(Q.E.D.)　((う))

<誤証 4>((お))(う)(お)((う))

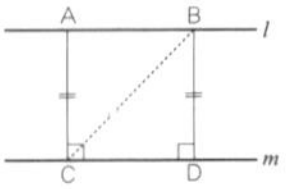

∠ACD＋∠BDC＝180°だから，AC//BD　((お))
よって，∠ACB＝∠DBC…①　(う)
∠ABD＋∠BDC＝180°だから，　(お)
∠ABD＋90°＝180°　∴∠ABD＝90°
よって，∠ABC＝∠ABD－∠DBC＝90°－∠DBC…②
一方，∠DCB＝∠ACD－∠ACB＝90°－∠ACB…③
①②③より，∠ABC＝∠DCB
よって，l//m　(Q.E.D.)　((う))

難問に挑戦

それでは正しい証明をどうぞ！

<証明 1>((お))(う)(か)((う)), ((え))(う)(か)((う))

A.[redacted]

B.[redacted]

C.[redacted]

D.[redacted]

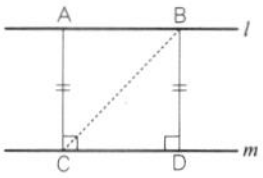

$\triangle$ABC と$\triangle$DCB において， ((お))
　∠ACD＋∠BDC＝180°より，AC//BD
　よって，∠ACB＝∠DBC…① (う)
　AC＝DB…②
　BC は共通…③
　①②③より，2 辺とその夾角が等しいから，$\triangle ABC \equiv \triangle DCB$ (か)
よって，∠ABC＝∠DCB
　∴l // m（Q.E.D.） ((う))

<証明 2>(け)(か)((う)) C.[redacted], [redacted], D.[redacted]

∠BCA＝∠ACD－∠BCD＝90°－∠BCD
$\triangle$BCD について，∠CBD＝180°－∠BDC－∠BCD＝90°－∠BCD (け)
よって，∠BCA＝∠CBD…①

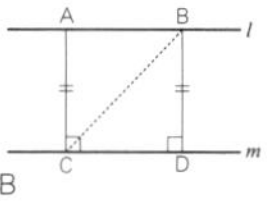

$\triangle$ABC と$\triangle$DCB において，
　AC＝DB…②
　C は共通…③
　①②③より，2 辺とその夾角が等しいから，$\triangle ABC \equiv \triangle DCB$ (か)
よって，∠ABC＝∠DCB
　∴l // m（Q.E.D.） ((う))

最後に，B.[redacted]の解答です。遠回りな解答なのですが面白い証明です。

さあ，“逆解き”をしてみよう。

<証明 3>((え))(う)(う)(き)(あ)(か)((う)) B.[redacted]

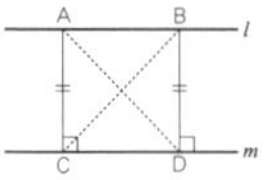

英語に例えるならば、「三単現のSが抜けていたり、前置詞が間違っていたりしても、文章の構造が正しくて意味が通じればいいじゃないか。その代わりどんどん作文して発話して、場数を踏もう」というようなものだ。

「ときどきいるんです。数学的なセンスが抜群で、論理の組み立ては誰よりも速くて正確なのに、答案作成に不備があるために減点されてしまう生徒が。それではせっかく得意なはずの幾何が嫌いになってしまいますよね」

なかには軽度の発達障害をもつ生徒もいる。そういう生徒は得てして答案作成が苦手だったりする。数学に限らず、細かいところで減点され、自信を失う。しかしイモニイの授業で幾何に得意意識をもつと、ほかの教科にも自信をもち、全体的に成績が向上することが多いという。

宿題は出さない。ライバルはスマホやゲーム機

証明問題の正解は1つではない。グループ作業では、生徒同士「これ、うおうきでも解

けるけど、㋒㋒㋖だけでも行けるんじゃね?」のような会話が飛び交う。各グループで出てきたさまざまな発想を拾い集め、イモニイが「あそこのグループでさ、こんな解答があったよ。㋒㋔㋘㋖。どう? これ面白いよね。どうしてこれで解けるのかわかる?」などと解説する。

先述の東京の女子進学校も神奈川の男子進学校も、この「手法」をまねしているのである。答案作成の「お作法」という難しいことはひとまず抜きにして、生徒たちはパズルゲームを解くような感覚で幾何に取り組める。全国の学校でまねすればいい。イモニイも、このやり方を自分だけの専売特許にしようなどとはこれっぽっちも思っていない。だから、見学を歓迎するし、〝ライバル校〟の教師にも自作の教材を渡してしまう。

イモニイは宿題を出さない。しかしやりたいひとはやっていいプリントを配付する。要するに強制ではない自宅学習用プリントだ。自宅でこれを解いて、イモニイに提出し、正解すれば、そこでも「ポイントゲット!」となる。1学年１８０人程度だが、コンスタントに１３０人くらいは提出してくれる。そしてそのなかに、名解答・珍解答・誤解答があり、次の授業の教材として使わせてもらう。

つまり、イモニイのプリントは常に、前回の授業内容を受けて生徒たちが考えた解答を編集した、できたてほやほや、賞味期限はその授業だけの、完全カスタマイズ製品なのだ。二度と同じ教材を使わない。

すべての解答に目を通し、おいしいネタを集め、次回の授業の教材を編集する。この作業を絶対に怠らない。イモニイが自分自身に課している毎日のルーティンだ。この点ではイモニイはストイックである。

イモニイが模範解答を示すことはいっさいない。生徒たちは自分たちの正答・誤答で学ぶ。そのため、答えを与えられるのではなく、あくまでも自分たちの力で学びを広げていく姿勢が維持される。

「僕のライバルはスマホやゲーム機です。彼らが家に帰ってゲームばかりやっていたとすれば、それは僕が渡した問題が、ゲームよりもつまらなかったということです」

模範解答のプリントを配るときには、同じ証明をした生徒たちの名前を列挙したり、「D組の○○が、このクラスの△△とまったく同じ珍しい証明の仕方に気付いていたよ」などと話してみたり、一人一人の答案にしっかり目を通していることがわかるように生徒たちにフィードバックする。

授業中に出した問題はその日のうちには解説せず、モヤモヤを持ち帰ってもらう。登下校の電車や風呂の中で解法を思いつくとアドレナリンが大放出する。幾何の証明問題を提示されるとつい「どの鍵使う?」と反射してしまう生徒たちが、そうやって育つ。

イモニイの授業は自ずから躍動的になる。誰かが鮮やかな答案を披露すれば「おーーー!」という歓声がわく。自分が解けなかった問題についてクラスメイトが出した正答をイモニイが紹介してしまえば「あーーー」という納得感と悔しさが入り交じったような声が漏れる。イモニイすら思いつかなかったような珍解答を目にしたときには「これ、ド変態だろ!」という驚愕《きょうがく》の叫びが上がる。イモニイがユニークな答案を取り上げて「これもかなり変態だな」と笑うと、その生徒はガッツポーズする。

難問に歯が立たなくて、生徒たちがしゅんとしているときには、イモニイはこう言って励ます。

「3カ月後にはみんなできるようになってるから、大丈夫。だって考えてごらんよ。3カ月前はこんな問題できなかったでしょ。みんなものすごい進歩してるんだから」

授業の様子を見ていた神奈川県立高校の数学教師たちもその様子を見て目を輝かせる。そのうちの一人は感激を抑えられない様子で私にこう言った。

「これが本来の学びなんですよね。学びって本当は楽しいんですよね」

普段の自分たちの授業とのあまりの違いに、ポジティブな意味でのショックを受けたようだ。

さて、そろそろ今日の授業も終わり。「ポイントゲット！」を狙う生徒たちがイモニイの前に並ぶ。チャイムが鳴ったらおしまいだ。

最後の生徒がイモニイに答案を見せたとき、チャイムが鳴る。正解か不正解か、クラス中が注目する。クイズ番組の、みのもんたのように思わせぶりな表情をするイモニイの口から出たのは「ＹＥＳ！」。クラス中が拍手した。

生徒の「面倒くせー」から始まった

「鍵」メソッドは、イモニイが教員になって7年目のときに授業のなかから自然に生まれたものだ。

母校に赴任して最初の6年間で、中2から高3までを一通り教えた。しかし大学受験間際の高校生を教えるようになって、中学・高校における数学の教え方に、大きな疑問を感じるようになった。

生徒たちが「先生、これあってます？」と質問に来る。「おう、どこがわからない？」と聞き返すと、生徒たちは困った表情をして「いや、どこがというより、あってますか？」とくり返す。

彼らはただ知っている解法を当てはめて、それが正解か不正解かを知りたがっていた。論理的な段取りを踏んで自分の頭で考えていたわけではなかった。

たしかにそれでも大学入試は突破できるかもしれない。しかしそんなことをして何の意味があるのだろうか。イモニイの教師としての正義感が奮い立った。

基本問題の解法を暗記したり、入試頻出問題を反復練習で反射的に解けるようにしたりするのではなく、1つ1つの問題をしっかり考えることが大事だということは、教員であれば誰でも直感的にわかっている。しかし「しっかり自分の頭で考えろ」と口で言うだけでは何も変わらないことをイモニイは痛感したわけだ。

翌年度は中1を担当することが決まっていた。そこで、どうやったら生徒たちが本気で考えるようになるかの一点にこだわる「授業の職人」になろうと決めた。そして教員研修で、「これからの授業は〈できた・できない〉や〈理解した・理解していない〉ではなくて、生徒たちが授業中に本気で考えているかどうかの一点にこだわって組み立てます」と宣言した。逆にいえば6年目までは「フィーリングで授業していた」。

授業中、ただ答えがあっていればいいのではなく、しつこく「根拠」を聞くようにした。しかし、証明問題でいちいち公理だの定理だのを用いるときに、それをいちいち説明することを「面倒くせー」とブーたれる生徒が多かった。たしかに面倒くさい。生徒が気持ちよく考えられるようにしてあげたい。そこで思いついた。「じゃ、説明を省略するために、記号を付けちゃおうか」。すると、「ことば遊び」に時間を取られることが減り、授業の質が高まった。

「どうやったら生徒が気持ちよく考えることに没頭できるかを最優先にして授業を組み立てました。『どうして?』を絶対に逃がさない。1つの問題に数日間をかけることもありました。単元がぜんぶ終わらなくたっていい。生徒たちが本気で考えることを最優先にしました」

ちょうど教員7年目のイモニイの授業を、中学1年生として受けていたのが、デジタル教材開発会社「花まるラボ」代表取締役の川島慶《かわしまけい》さんだ。

「授業中に僕が自分で定理を1つ見つけました。それにも記号を付けようということになり、当時僕が好きだった女の子の『まみ』という名前を使って、その定理は『(まみ)』という記号で呼ばれるようになりました。(は)(ひ)(ふ)(へ)(ほ)と来て、なぜかそこだけ記号が2文字。そして(む)(め)(も)……と続く。『問題を解くためにその定理を使うたびに『まみちゃん』を連呼するんです（笑）」（川島さん、以下同）

もともと算数や数学が好きだった川島さんは、新生イモニイの授業にハマった。

「テストよりもレポートに比重が置かれていました。レポートのテーマは自分で決めます。『授業中にトイレに行く生徒の数と授業内容の相関』についてレポートにした友人もいました。僕は空間幾何学の本にあった問題を1冊全部証明して提出しました。高校で習う指数関数についても、そんな概念をまったく知らないまま、勝手に記号を発明して、独学で進めてしまいました。それに対してもイモニイがものすごくプラスのフィードバックをくれるんですね。それでどんどんやる気になる」

しかも自分で問いを設定して取り組んだレポートなら数学の範疇を超えていてもいいルールだった。

「中高一貫校のゆったりとした時間のなかで、『友達って何だろう』とか『新しいって何だろう』という哲学的な問いに、論理と感性を合わせて深く深く考え、言語化することができるようになったのも、イモニイのおかげだったように思います。その癖は、いまでも役に立っている」

古代ギリシャの時代から、幾何は論理的思考の訓練になるといわれているが、川島さんはまさにイモニイの幾何の授業を通して論理的思考の作法を身に付け、それを数学以外の思考にも応用できるようになったのである。

「私がイモニイに教わっていたのは中1〜3の3年間だけでしたが、高校生になっても学期に一回程度はイモニイに何らかのレポートを提出していました」

一方で、現在のイモニイの授業の完成度から比べれば、当時の授業はまさに試行錯誤の連続で、数学好きにはいいけれど、数学が得意でない子にはきつい面もあったようだ。初心者の域は脱した。かといって円熟の技まではもっていない。そのころのイモニイはとにかく尖っていたのだろう。

「いま思い返せば、いい意味で荒削りな授業だったと思いますよ。しかも、イモニイもまだ若かったから、くだらないことで怒ったり、よくしてましたよ（笑）」

そんなふうにして、5学年分くらいを教えてみたら、一通りの単元を踏まえながらバランス良く授業を進められるようになった。そのときにはイモニイも、すでにアラフォーになっていた。

栄光学園は中高一貫校だが、もう20年近く、イモニイは中学生しか教えていない。中学生のうちに自分の頭で考える癖を付けさせたいと考えている。

「長い年月をかけて生徒たちと試行錯誤しながら自然にいまの授業のスタイルができあがったのであって、僕が自分で発明したわけではないんです」（イモニイ、以下同）

ありのままの生徒を観察して、彼らがより生き生きと学べる方法を徹底的に考えて試行錯誤した。答えは常に目の前にあった。

班で話し合って論理性を確認

イモニイが自分の授業の良し悪しを判断するモノサシはただひとつ。「子どもたちが考えることに没頭しているかどうか」。授業の進み具合と生徒たちの雰囲気によっては、「鍵」すら使わない。

さきほどの授業のちょうど1年後、中1だった生徒たちがイモニイ流ですくすく育ち、中2になって受けていた空間図形の導入に当たる授業を見た。

「今日は空間図形直感問題をやるよ」

プリントが配られる（図3）。そこには8つの命題が書かれている。それが正しいか正しくないかを○×で答えよというシンプルな問題だ。

「ルールがあります。○は直感でいいんだけど、×を付ける際には必ず具体的な反例を考えてください。反例なく×っていうのはナシね」

たとえば（1）は「1つの直線に平行な相異なる2直線は平行である」。これは○である。

（2）は「1つの直線に垂直な相異なる2

図3

数学β　空間図形直観問題①

空間図形について,正しいものには○,正しくないものには×を答えよ。

(1)1つの直線に平行な相異なる2直線は平行である。
(2)1つの直線に垂直な相異なる2直線は平行である。
(3)1つの直線に平行な相異なる2平面は平行である。
(4)1つの直線に垂直な相異なる2平面は平行である。
(5)1つの平面に平行な相異なる2直線は平行である。
(6)1つの平面に垂直な相異なる2直線は平行である。
(7)1つの平面に平行な相異なる2平面は平行である。
(8)1つの平面に垂直な相異なる2平面は平行である。

直線は平行である」。これは×である。反例は、公園のジャングルジムを思い浮かべればいい。

1本の縦棒から、水平方向に2本の棒がそれぞれ垂直に伸びる形で3本の直線が交わっている（図4）。水平方向の2本の棒は交わってしまっているから、平行ではない。明らかな反例があるので、これは×だと確定できる。

しかしそこで新たな疑問がわいてくる。段違いに水平方向かつ別向きに突き出ている2本の横棒の関係はどうか（図5）。その2本が交わることはない。これは「平行」といえるのか。そこで生徒の口から重要なつぶやきが発せられる。

図4

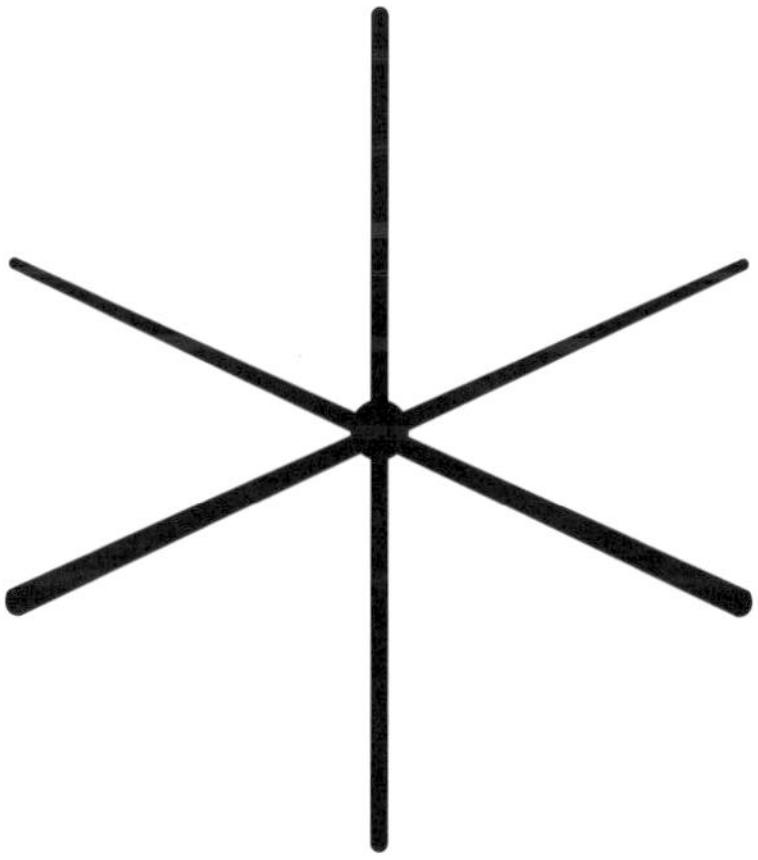

「平行の定義って？　これって平行なの？」

その生徒は鉛筆2本を使って「平行」ではなく「ねじれ」の関係にある直線を再現している。2本の直線はたしかにどこまで伸ばしても交わらない。平面図形では、どこまで伸ばしても交わらない2本の直線を平行と呼んだが、空間図形でも同じ定義でいいのか、そこに疑問を感じているわけだ。

イモニイが、「待ってました！」とばかりにそのつぶやきを拾う。

「おう、そう。実は、平行と垂直の定義をまだしっかりとはやっていないから、正解・不正解はどうでもいい。『それって何なんだろう』ということを含めて考えてほしいし、あとでみんなでグループになって考

図5

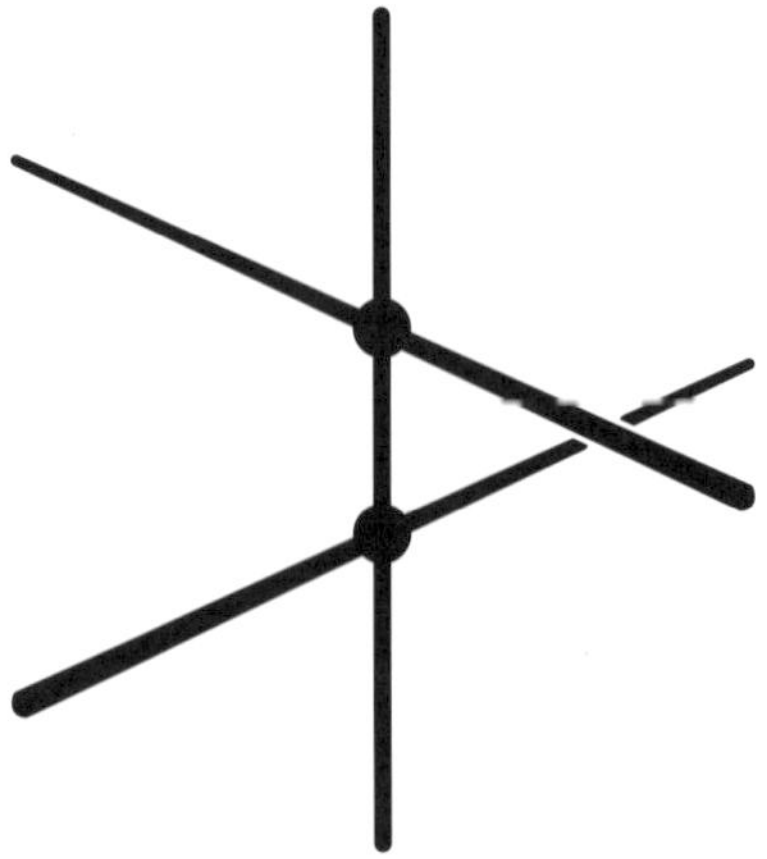

えてもらうから」

各自で5分くらい考えたところで、4人グループでの議論に移行する。

「いまから机をくっつけて班活動にしよう。○は直感でいいけれど、×に関してはみんなで反例を確認してください。(班としての解答が)できたらオレのところに持ってきて。全問正解なら黒板にチェックして、ここにあるプリントを持っていってください」

2分もすると最初のグループが解答を見せに来る。「YES」。黒板に書かれた班の番号に○をして、新しい課題が書かれたプリントを人数分持っていく。幾何の単元とは直接関係のない思考力パズルのプリントだ。それを各自で解き始める。

「Ouch!(不正解)」だった班は、席に戻って議論を続ける。

生徒たちの活発な議論で、教室の中はかなりやかましい。

「おーい、ちょっと耳だけ貸して。さっき二班が持ってきて、複数間違っていたんだけど、○を×にはしていない。これはいいんだよ。○なのに×にしていたらさ、反例をちゃんと確認していないってことでしょ。わかる? ×ってことは、『こういう反例があるよね』って示せていないといけないんだ。それをしっかりやっていれば、○なのに×ってことはなくなるはずなんだ。間違えるなら、いい間違え方をしよう」

生徒たちは、鉛筆やプリントやノートを使って直線や平面を表現しながら議論を進める。イモニイは班の間を回遊しながら、生徒一人一人の表情をたしかめる。ときどき生徒に茶々を入れる。十数分ですべての班が課題をクリアした。

そのままの机の形で各自思考力パズルにしばし取り組む。その間にイモニイは真っ白な画用紙を全員に配る。

手を動かさないと、頭の良さが弱点になる

「はい。ちょっとパズルやめて。残り時間で『試行錯GO!』をやります」

「オー!」とか「イェーイ!」とか、歓声が起こる。生徒たちから人気の活動らしい。

「今日の問題は簡単です。『立方体をつくろう』です。ただし、幅が『1』の長方形からつくってください。1センチじゃなくていいよ。幅が『1』の長方形から、一辺の長さが『1』の立方体をつくってください」

「先生! のりしろはありですか?」

「ああ、いい質問だね。ただの長方形からは立方体の展開図ができないでしょ。だから必要なのは？　折る、重ねる……」

「切断！」

「切断したら簡単じゃん。だって正方形を6枚切り出せばいいんだもん」

「ハハハ！」

「折るのみです。折るだけでつくってほしいんだけど、折る前に、幅『1』の長方形がどれくらいの長さがあればいいかちょっと考えてみてください。長方形のここの辺の長さが『1』に対して、もう1辺はどれだけの長さがあれば折りたたんで立方体ができる？」

「8！」

「8でできる？　8でできると思うひと手を挙げて」

半分くらいの生徒が手を挙げる。なぜ8でできると思うのか、私にはさっぱり見当がつかない。

「オマエたちのすごいところは、頭の中で考えて、頭の中で結論が出せること。つまり、実際に作業をしなくても予想できる。それはすごい。でもね。一方で、つくってみないと本当はわからないってことがあるわけよ。たとえば、オレのいちばん初めの授業でやったでしょ」

　黒板に三角錐と四角錐を描く。

「この2つの立体をくっつけたときに何面体ができるかという問題を出したときに、4面足す5面で、くっつくところで2面が引かれるから7面と答えて間違えたでしょ」

「あ～ぁ」

「こういう問題は、頭がいいと逆に正解に気付けないんだよ。キミらの頭の良さが将来もしマイナスに働くことがあるとすれば、それは実際にやってみない場合なの。いま、みんな、『8でできる』って言ったろ。でもつくってみなきゃわからないから、実際につくってごらん」

　1人1枚配付された画用紙を「1×8」の細長い長方形に切り取って、立方体をつくるための試行錯誤を始める。班の机はそのまま。作業は個人でそれぞれに進めるが、話し合いは自由。

　それにしても細長い短冊状の長方形を折るだけで、どうやって立方体がつくれるというのか。

　そのためには、辺に沿って折るだけではなく、面の途中で折ることで、方向を変えなければいけないのだ（図6）。

5分も経たないうちに「できた！」という声が聞こえる。イモニイがチェックする。

「あ、そうだね。〇〇ができたよ」

次々にクリアする生徒が現れる。「8」でつくるのにはいくつか方法があり、楽勝のようだ。頭で考えているだけではどうやってつくればいいのか見当も付かなかったが、実際に手を動かしてみると、私でも意外に簡単にできた。

「8でできることはわかったよね。じゃあ、7でできるかな？　あるいは、8が最小だと思うなら、それを証明してみて。『何回やっても7ではできないから8が最小』というのは論理的じゃないぞ」

図6

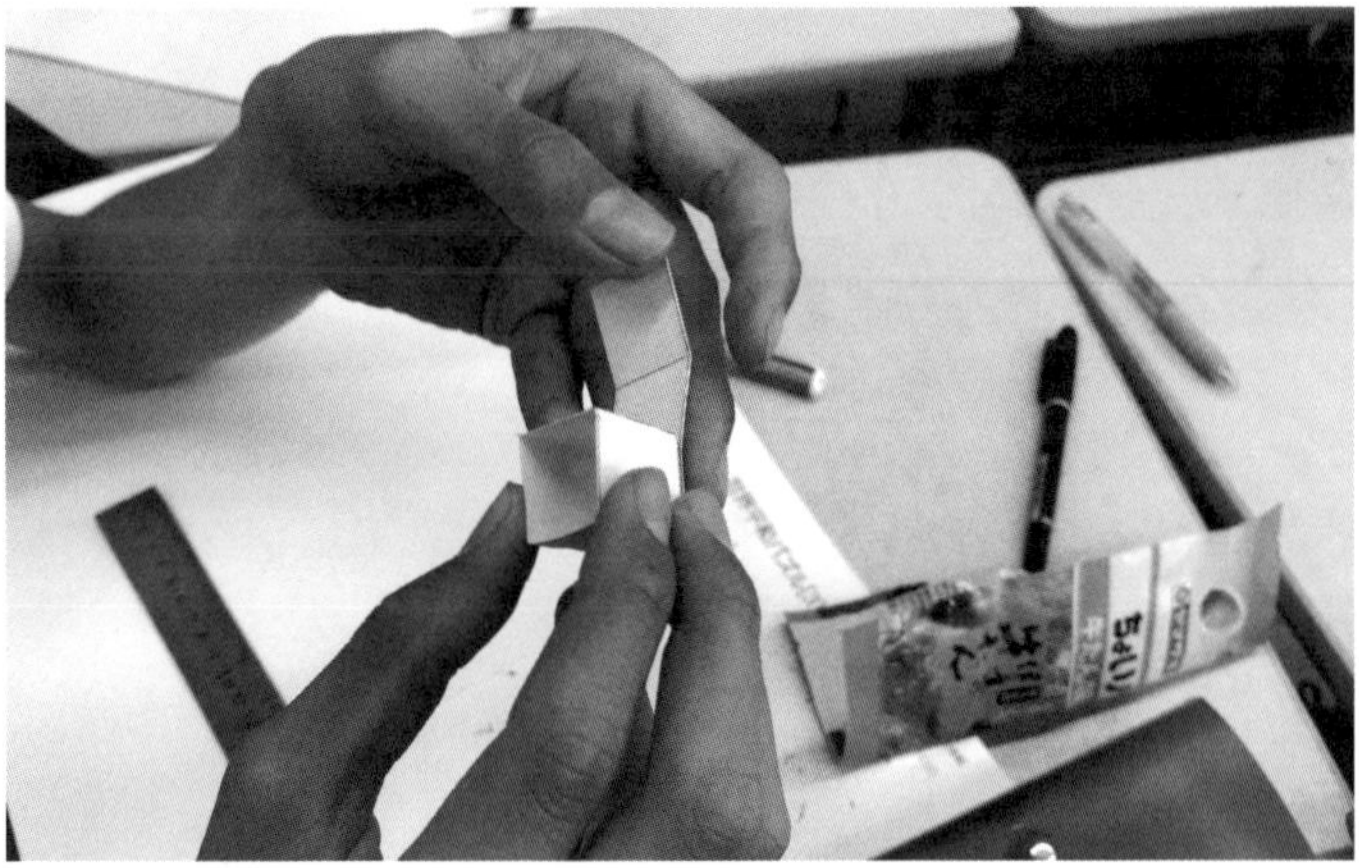

「できた！」

ほぼ同時に2人が「7」で立方体をつくった。

「いま、2人できたぞ。だから8が最小であるとは言えなくなった」

「えーーー」

すると不思議なことが起こる。次々と7をクリアする生徒が現れるのだ。

「1人ができるとみんなできるようになるよね。なんでかわかる？」

「できると思うから！」

「そうだ！」

数学でも、気持ちが大きく作用するということだ。

「7ができたひとはもっと短くできないか考えてみて」

「できるわけないじゃん。展開図つくれないんだから……」

「あるいは、こっちの問題をやってくれてもいい」

黒板に1辺が「3」の正方形を描く。

「『3×3』の正方形から1辺が『1』の立方体をつくって。これは切り込みを入れてもいい。でも切り離しちゃダメ。この問題は、このまえ数学甲子園で優勝したチームの一人の高2の○○先輩が考えてくれたの」

3〜4分で「3×3」の問題を解く生徒が現れる。

一番乗りの生徒にどうやって解いたのかを聞いてみると、最初から論理的に考えたわけではなく、まずは何となくの感覚で切り込みを入れてみたらしい。まさに試行錯誤である。

続いて数人がそれぞれの方法でクリアした。やはり1人ができるとそれに続くのである。

それぞれイモニイがやり方をチェックする。

「あ、これ、きれいだね。面の途中で斜めに折ったりしてない。何をきれいと思うかはひとそれぞれだけど、いろいろな方法があるよ」

「変態」のススメ

授業時間は残り3分。

「はい、耳貸してください。いくつか気付いたほうがいいことがある。まず頭のなかで考えて『8』でできるとわかったけれど、必ず実際にやってみて確かめたほうがいい。もうひとつ。『7』じゃ無理だろと思ってたけど、何人かがつくったら一気にみんなできるようになったじゃん。これはとても大事なことで。初めてやることって難しいのよ。なんでかって言ったら、それが本当にできるかどうかわからない状態でやらなきゃいけないから。それでだいたい自分で自分にストッパーをかけちゃうの。『できないんじゃない？』みたいに。だからできない。でもそういうことを考えないでひたすらやれるかどうかが、新しい方法を見つけられるかどうかにつながるんだ。そして実際に見つけたのが、〇〇であり、△△であり……」

「うぉ～」

みんなが尊敬の目を向ける。

「やっぱり共通するのは『変態』だわ」

「ガハハ！」

「変態」のひと言で、教室は大盛り上がり。もちろんイモニイ語録では「褒め言葉」だとみんなが知っている。

「やっぱりちょっと『おかしい』。新しいことを発見するためには、『変である』ってことがホントに大事なんだ。実はもうひとつ言うと、キミらが良かったのは……。『3×3』の答えをまず○○が見つけたじゃん。そしたら折り込みなしでやるのがきれいだなとか、あるいは渦巻き型にきれいに切り込みを入れてできるようにしたいなとか、自分なりのこだわりをもって追求したよね。自分のなかで問いを立てることはすごく大事です。そこでひとつ言います。実は、B組の□□が、切り込みを1カ所一直線に入れるだけで完成させました」

「え〜！」

「みんなもできると思うよ。なぜなら、もうみんな、できるって知ってるから。切り込みをまったく入れないでできるかどうかはオレにもわからないから、誰か『変態』になって考えて」

チャイムが鳴っても生徒たちは手を止めない。

「あ、できた！」

「ここにも『変態』がいた！」

その生徒がイモニイに何やら説明した。

「なるほど。『切り込みを入れないでできないかな?』って考えていて『ああ、ここが切れればできるのにな』という部分があって、見つけたんだって。やっぱりなんか、目標を置くってすごく大事なんだね」

制約を設けることで自由な発想が生まれる好例だ。

「おかしなことを考えるってのはとても大事なことなんだよ。わかった？」

一見無謀と思える挑戦をした生徒たちの名前を一人一人呼び讃えて授業を終えた。この日、生徒たちは間違いなく、幾何の考え方以上のものを学んでいた。

生徒からナメられそうなのにナメられない

栄光学園の生徒たちにイモニイの「評判」を聞くと、こんな答えが返ってくる。まずはポジティブなものから。

「生徒への愛が普通じゃない」

「自由なひと。生きていればそれでいいじゃんと本気で言ってくれる」

「英語は下手なのに、国境を越えて愛される」

「数学だけじゃなく、ほかの教科につながる授業」

「生徒に押しつけない」

「プラスのオーラがすごい」

「夢中にさせる名人」

「生き方がかっこいい」

「ツッコミどころ満載で、生徒からナメられそうなのに、ナメられない。それが不思議」

ツッコミどころとは……。

「雑。机がきたない。賞味期限を気にしない」

「大学受験のサポートはあまり期待できない。微分積分を教えてくれるイメージはない」

「プリントを配るときにノールックで投げたり、『YES!』とか『Ouch!』とか英語を使ったり、変なところで気取ってる」

「機嫌が悪いとき、『なんで機嫌悪いんですか?』と聞くと、『そんなことねーよ』って機嫌悪そうに返されたことがある」

「板書の間違いを指摘すると、『オマエらが気付くかどうか試したんだよ』とか言って、自分の間違いを認めない」

私はイモニイが生徒たちに高圧的な態度をとっているのを見たことがない。それでもイモニイが生徒からナメられないのは、ダメなところも含めてありのままの自分をさらけ出しているからだと私は思う。ひととしての器の大きさにこそ、子どもたちは尊敬の念を感じるのだ。

保護者からの評判はこうだ。

「人間味がある先生。うちの子はとても引っ込み思案なのですが、いつもイモニイが気軽に話しかけてくれてるのがうれしいと言っていました」

「大人が見落としてしまいがちなことに気付く。私たちが忘れてしまったセンスをもっているんだと思います」

「もう50歳近いはずなのに、いつまでも少年のような先生。何をしでかすかわからない危なっかしさがあって、母性本能をくすぐられますが、自分の夫だったらイラッとするかも(笑)」

「福島を支援したり、セブでボランティアしたり、世界観が広い」

「あの行動力は独身だから発揮できているのだと思います。もはや学校と結婚しているようなものですね」

「生徒だけでなくて、保護者のなかにもファンが多いです。先生というよりはアイドルみたいな存在ですよ」

「歌も歌える数学の先生」

イモニイは歌も得意。学校主催のコンサートでは、ギターを抱えて自作の曲を弾き語りすることもある。

順調に「変態」として巣立つ卒業生

イモニイを恩師と慕う卒業生も多い。東京大学工学部航空宇宙工学科3年の豊田恵二郎《とよだけいじろう》さん、東京大学法学部4年の宮島靖明《みやじまやすあき》さん、慶應義塾大学医学部4年の折田巧《おりたこう》さんの3人に集まってもらった。3人とも栄光学園の同期。中1～3の幾何をイモニイから教わった。

おおた イモニイはみなさんにとってどんな存在ですか？
折田 イモニイは自分の原点だと思います。
豊田 いちばん距離が近い先生でしたね。

宮島　教えてもらっていたのは中学の3年間だけでしたが、生徒一人一人のことをちゃんと覚えていてくれるんですよね。

折田　先生というより、いっしょに数学を学んでいるひとという存在でした。

豊田　先生っぽくないいんだよね。教えてくれるひとというよりも、やる気を引き出してくれるひと。

折田　イモニイから直接教わることは実はほとんどなくて、まわりのひとと学び合う、友達の美しい解法をシェアするような授業でした。

宮島　中学生のころはとにかく数学が楽しくてしょうがなくて、自分でもどう勉強したのか覚えていないんです。

豊田　たしかに数学を「勉強」したという記憶がない。

宮島　でも、高校に入ってから、大学受験を意識するような授業のスタイルに変わって、急に数学がつまらなくなってしまい、文系に進むことに決めました。中学の数学では学年でトップのほうだったのに。親もびっくりしていました。

豊田　僕も高校に入ってからイモニイの授業がなくなって、「さみしいなあ」と感じたのを覚えています。

おおた 栄光の先生のなかで、イモニイだけ浮いていた？

宮島 そんなことはありません。変わったことをやっている先生が多い学校でしたから。でもイモニイは、栄光の先生のなかでやっぱり存在感があって、「当たり」の先生というイメージだったと思います。保護者からも人気でした。

折田 「いつになったらカノジョができるのか」といつも生徒からいじられていました。

宮島 「オレは一人を選べない。全員を愛しているから。本当はモテモテなんだけど」とかよく言ってたよね。

おおた みなさんはイモニイ信者だと思うんですけど、生徒全員がそうなるの？

豊田 数学の苦手なひとにはきつい授業なのかもしれません。

折田 たしかに二極化はあったかも。

宮島 どちらかというとできる生徒に合わせた授業ですね。できないひとはどういう気持ちだったのかと考えると、ちょっとわかりません。

おおた 怒鳴ったりすることはないの？

宮島 怒鳴ったのは見たことないよね。頭ごなしに生徒を否定することがない。

豊田 教室がうるさいときに生徒を静かにさせるには「北風と太陽」みたいな2つの方法

があると思うんですけど、井本先生の場合は「太陽」の考え方ですね。みんながおしゃべりをやめちゃうようなエサをまくんです。

おおた　井本先生の授業は大学受験には役に立つんですか？

宮島　うーん、それでいうと実は僕らの代は、栄光学園としては大学進学実績が良くありませんでした。でも、変なことをしているやつらはとても多いんです。それが井本先生のおかげではないかと思っています。

おおた　みなさんは将来をどう考えているのですか？

豊田　東大の航空宇宙工学科だとＪＡＸＡ（宇宙航空研究開発機構）や三菱重工やＩＨＩなんかに入るのが王道なのですが、実はすでにｗｅｂ系のデザイナーとしても働いていて、どっちの方向に進むべきか考え中です。

おおた　たしかに変ですね。折田さんは医学部だから、お医者さんなんでしょ？

折田　国家資格は取ろうと思っていますが、そのあとは医者になるのではなく、ビジネスサイドに進み、そちらから医療に貢献したいと思っています。

おおた　また変化球ですね。宮島さんはきっと司法試験を目指しているんですよね。

宮島　いや。

おおた　え？

宮島　証券会社に就職が決まっています。

おおた　東大法学部といえば、弁護士でしょ。しかもいわゆる「町弁護士」ではなくて、大企業の顧問になって膨大な年俸を得るみたいなのが王道じゃないですか。そっちを選ばないんですね……。やっぱりみんな変態ですね。

宮島　井本先生がある種のロールモデルというか、「何してもいいんだよ」ということを背中で語ってくれていたような気がします。

おおた　わかる。いちばんの「変態」は井本先生なんですよね。

第2章

「プルッと体験」が止まらない

「『学校』になじめない子」が個性を発揮する

イモニイには、もうひとつの顔がある。東京の御茶ノ水で、栄光学園以外の一般の中学生を対象にした「塾」のような学習会を開催している。当初名前は決まっていなかったが、最近では「いもいも」の名称が定着しつつある。

「いもいも」に通っている中学生たちは、自分たちが「塾」に通っているのだと認識しているが、一般的な「塾」とは雰囲気がちょっと違う。

子どもたちのなかにすでにあるものを「いいね！」と承認すること自体を目的とした教室なのだ。誤解のないように、最初に保護者に「学校の成績を上げることを目的にはしません」と宣言する。イモニイは知る人ぞ知る数学のカリスマ教師だが、ここで特別な数学を教えるというわけでもない。生徒たちは「縁あって出会った子どもたち」。普通の公立中学校に通う子どもたちも、御三家といわれる超進学校に通う子どもたちもいる。「学校」になじめないタイプの子どもたちや学校でトラブルを起こした子どもたちも割と多い。

かといって、そういうタイプの子どもたちのための特別な教育をする教室でもない。わかった瞬間に、子どもたちが見せる目の輝き、全身から伝わるプルッとした躍動感。イモニイ自身が、そういったものを追求したいと思う純粋な気持ちで学習会を開催したところ、「縁あって」そういうタイプの子どもたちが集まり、増えていったのだ。

「ものすごい個性的な子どもたちですよ。でも本当にみんないい子です」とイモニイは笑って私を教室に案内してくれた。

この教室ではありのままの自分でいられる

土曜日の夕方。教室には22人の子どもたちが集合した。全員出席だ。

「はい、こんばんは。今日はまず、『ことばでおえかき』からやろう」

1人の子どもが黒板の前に立つ。それ以外の子どもたちには、イモニイが用意した「図形」を見せる。図形を見た子どもたちが、言葉でその形や色を表現し、黒板の前に立つ子どもが同じ図形を黒板に描くというゲームだ。

この日実際に使われた図形が**図7**。図形を見せた瞬間「キモっ!」「うわー」という声が上がる。言葉で説明するのが難しいという意味だ。

　図形を見た子どもたちは思い思いの方法で、図形を言葉に置き換える。図形全体像のイメージを伝える子どももいれば、黒板に描くための手順をロボットにプログラミングするように説明する子どももいる。実際の図形に近い形に描けているときに「いいぞ、いいぞ」とその方向性で間違っていないことを伝える子どももいる。それだって重要な情報だ。

　完成形を知らない黒板の前の子どもの立場になって伝え方を工夫するのは当然。仲間の発言を受けて次に自分がどんな発言をすれば黒板の前の子どもが迷いなく図形を

図7

描くことができるかを臨機応変に考える。余計なことをいえば混乱させてしまうかもしれない。自ずと相補的なチームワークが必要になる。

おおかたの形が再現できたところで、イモニイはさらに負荷をかける。

「だいたい似たような図になったよね。でももうちょっと細かく見てみて。細かく見る方法はどんな方法があった？　部分的に見てみるというのも1つの方法だよね」

すると子どもたちは細部に目を凝らし、そして気付く。

「赤いVの先端が、青のVの3分の1以下の位置に来るようにずらして」

「青と赤のVって、微妙に形が違うよね！」

「青のVの左の頂点と赤のVの左の頂点が合ってないから」

完成度を高めるための最後の一押しのアドバイスが続く。現物との違いを指摘するわけだが、それが「ダメ出し」にはなっていない。どうすればより良くなるかという建設的なアドバイスの形になっている。それが目的を達成するための近道であることを、この教室の子どもたちは知っているのであろう。

その清々《すがすが》しい姿に、グッと来てしまう。彼らのなかには、学校で「ダメ出し」ばかりされている子どもも少なくない。自己肯定感が非常に低い状態でやってくる子どもも多いのだとイモニイは言う。しかしこの教室ではお互いにダメ出しはしない。個性的な子どもが多いが、それを「おたがいさま」と認め、尊重する。

イモニイがそういう「ルール」を設けているわけではない。教室内がざわつこうが、一部の子どもが問題発言をしようが、イモニイは原則的には黙って見守る。すると、生徒たちの自律性が、集団としての秩序と文化を醸成した。「ここではどんな発言をしてもいいのだ」という安心感が共有されている。

学校ではいじめられ、先生からも「問題児」扱いされていた子でも、この教室には自然になじんでいる。それを見て、その子の母親は思わず涙した。また人前で発言できなかったある女子は、この教室に来てから学校でも発言できるようになった。「どうせできねーよ」とネガティブな発言が目立った男子も、意欲的に課題に取り組む姿勢を見せるようになった。この教室では、割と頻繁に「奇跡」が起こる。

コーチングだとか心理療法だとか、「扱いにくい子」「問題児」を「治す」ための何かをしたわけではない。イモニイは、子どもたちが没入できる課題を与えているだけだ。環境設定だけをして、子どもたちを信じて、彼らに任せることで、子ども同士が「ありのままの自分」を認め合う文化を築き上げているのだ。「そうなるはずだ」という信念が、イモニイの胸の内にはもともとあった。

カリスマ塾講師とカリスマ数学教師のコラボ

ある意味で、この教室は「実験」である。

長年の教師経験のなかでイモニイが抱くようになった教育に対する仮説を、試す場である。3年目を迎えた現在では、仮説は確信に変わっている。「ルールで縛ったり、口うるさく注意したりする必要はない。子どもたちを信じて、ありのままを認めてあげれば、子どもたちは自ずから、最高に輝くはず」。それがイモニイの仮説であり、信念であり、栄光学園ではすでに証明されている。

しかしそれだけでは「優秀な生徒が集まる栄光学園のような学校だから可能なのだ」と思うひとも多いだろう。「偏差値の低い子には強制が必要だ」と言ってはばからないひともいる。

普通の学校や塾ではなかなか「実験」ができない。学級崩壊でもしてしまったら誰も責任がとれないからだ。結局、従来通りの教室運営を踏襲《とうしゅう》してしまう。

イモニイは、自分の仮説を試してみたかった。信念を証明したかった。テストでいい点をとるためではない、いい大学に行くためでもない、これからのグローバル社会がどうなるかなんてどうでもいい。目の前の子どもたちのことだけを考えて、その子たちがありのままで輝くための理想の教育を実践してみたいと願っていた。

そこに手を差し伸べたのが、高濱正伸《たかはままさのぶ》さんだった。大人気の学習教室「花まる学習会」の代表であり、メディアでも引っ張りだこの「カリスマ塾講師」である。ただし、一般に「カリスマ塾講師」という言葉がもつニュアンスと高濱さんのパーソナリティは違う。たしかに塾講師であり、異常なカリスマ性をもつことは事実だが、高濱さんも偏差値だとか大学進学実績だとかいうわかりやすい成果を掲《かか》げるタイプの教育者ではない。人間としてのたくましさを育てる教育を追求している第一人者である。

高濱さんにイモニイとの出会いを聞いた。当時「花まる学習会」の社員で、イモニイの教え子でもある川島慶さん（第1章に前出）の紹介だった。

「キリストといっしょで、イモニイはそのへんにいても、ただのおっさんにしか見えないわけです。でも違いがわかるひとは、『すげーやつがいたぞ！』というように、すぐわかる。

しびれるような感覚を味わうんです」(高濱さん、以下同)

イモニイのことばはいちいち極められているし、ユーモアもある。高濱さんがつくった数学パズルの問題を見て、その問題に込められたメッセージを一発で見抜いた。

「東大に何十人も入るような学校で数学を教えていて、まさにいちばん大事な要素が、私の言う『見える力』と『やり切る力』なんだということを体感的にわかっていたのでしょう。私にとってのど真ん中を褒めてくれました。自分のやっていることの本質を理解してくれるひとが現れたと思って、うれしくなりました」

栄光学園での授業を見学しに行き、公理や定理を「鍵」として使う授業進行を見て、「すごい!」と驚嘆《きょうたん》した。教育工学的に生徒全員が吸引され続けていて、全員の頭が動いている状態がキープされていた。当然子どもたちが生き生きしていた。

「誤答こそが良いテキストになるというようなことはことばとしてはいろんなひとが言うんですが、本当に毎回誤答からテキストをつくって次の授業を組み立てるって、そうそうできないことなんですよ。しかも、その煎じ詰め方が、僕の発想と瓜二《うりふた》つなんです」

実は高濱さんが思考力パズルの『なぞぺー』を思いついたのも子どもたちの誤答がきっかけだった。普通の算数の授業のなかで「なんでこの問題が解けないんだろうなぁ」を突き詰めたときに、算数の問題を解く前提となる「見える力」と「やり切る力」が足りていないことに気付いたのだ。

子どもたちに教えるんじゃなくて、子どもたちから感じることに、ふたりの考える教育の本質がある。

「もし自分が学校の先生になっていたら、イモニイみたいになっていただろうと思う。同じ星からやって来た、同じセンスをもつ仲間という感じです。同じことを、僕が小学生向けにやっていて、彼が中高生向けにやっているみたいな」

現在イモニイの学習会は、「花まる学習会」系列の「特別授業」という立て付けで、そこの教室を間借りする形で実施されている。イモニイは高濱さんから、「利益なんて気にしなくていいから、井本先生の思う通りの教育をしてください」とだけ言われている。

「数学の先生としてはすでに十分にその世界で知られていたわけですが、『このひとは社会の宝だぞ』というのを世間一般にももっと知ってほしい。イモニイが、教育を変える可能性があると思っています。彼自身は欲もないから、食うや食わずやで死んでいくかもしれませんが、後世に残すべきコンテンツを彼はもっていると思いますね。偉大な哲学者みたいなものだと思いますよ。あとになって『実は彼の考えていたことはすごかった!』みたいな。ほんとにそれじゃ悲しいので、早く注目されてほしいと思って」

べた褒めだ。

一方で、イモニイの偉大さが世に広く知られたとして、みんながみんなそれをまねすることができるのだろうか。アイドル的教師として終わってしまうということはないのだろうか。これについての高濱さんの考えはこうだ。

「たしかに彼の感性が果たしている役割は大きいし、目の前の生徒のために時間と労力を惜しまない人生観も大きい。形だけを見て誰もがまねできるものではないですね。彼の考え方や生徒への眼差しを、翻訳できるひとが必要だと思います。この本にその役割を期待しています」

話が弾んだ勢いで、私は高濱さんに言った。

「人間的に器が大きくて、でもどこかずっこけたところもある。だからみんなから愛される。イモニイのそういうところは、高濱さんとも似ていると思うんですよね……」

「え、僕もですか？　たしかにね、全然普通じゃないですよね。3浪4留ですからね。ああ、そっか……。自分は普通の人間だという前提でイモニイのことを語ってるところが笑えますよね」

インスタントに世界平和を実現するためには？

授業の続きに話を戻す。

「ことばでおえかき」に約25分を費やした。続いて「合同二分割」。プリントに描かれた図形に補助線を描き入れ、合同の図形をつくるというパズル的な課題である。これは「個人プレー」。1枚のプリントをクリアすると、次のプリントに進めるしくみ。実際の問題の一例が図8。どんどん先に進む子もいれば、足踏みしてしまう子もいる。

補助線が見えてくるかどうかは「ひらめき」次第だと思われがちだが違う。与えられた図形を見て、その特徴を捉え、論理的に考えていくと、補助線が引かれるべき場所が絞られてくる。シンプルな課題だが、脳に汗をかくような負荷がかかる。「うーん」と頭を抱える子どもが続出する。

続いて、「スピーチ」の時間。今回はOくんが「平和について考える」というテーマで話をすることになっている。Oくんが事前に用意したレジュメには、「超危険思想。もし戦争経験者がいたら殴られるほどヤバイ話。人によってはつまらない」と警告がある。また「ここでの平和の定義は戦争や喧嘩など大小問わず争いがないこと」という断り書きもある。

「小学校の3〜4年くらいのころから、ずっとこのことを考えていました。要するに、この世に完全な平和をもたらすためにもっとも手っ取り早い方法は、人類絶滅なんだと思うんですけど……。人間には欲とか、闘争本能とかがあるわけで、人間の存在自体が、平和の妨げになっているというのが僕の結論です」

極論である。Oくんが補足する。

「人類絶滅以外にも方法はあるのかもしれないけれど、無であれば平和でしょ。平和が必ずしも無でなければいけないというこ

図8

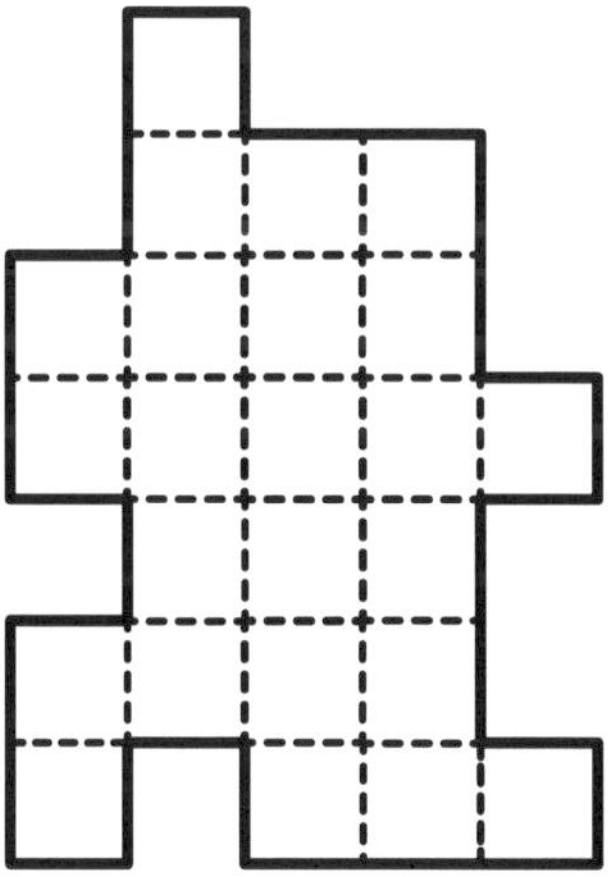

とではないけれど……。もっと科学が進歩して人間の脳から欲とかそういうものが排除できるようになれば絶滅はしなくてもよくなるかもしれないけど、それっていまはできないじゃん」

極論を発端として、ある種の思考実験が始まる。以下、議論の筋道のごく一部を再現する。

生徒A　平和になっても人類がいなかったら意味ないじゃん。

Oくん　でも平和は平和じゃん。

生徒A　人類が絶滅しても、別の生物が進化してまた戦争を起こすようになるかもしれないじゃん。

Oくん　オレは、永遠の平和をつくるとは言ってない。でもいま、人間がいる限りは一瞬の平和もつくれないいんだよ。

生徒B　異議あり！　そもそも平和を切望しているのは人類であって、平和が実現したところでそれを目的とする人類がいなくなったらそもそも根本が崩れるので、意味がないと思う。

Oくん　意味はないけど、平和は実現する。

多くの生徒が挙手して反論や持論を語り出す。ここからOくんはファシリテーターとして振る舞い始める。以下、複数の子どもたちの発言の一部。

「そのような平和の状態を望んでいるひとは実はものすごく少数で、大半のひとたちが思っている平和というのは、自分たちがいるところでの平和であって、大半のひとの求める平和は、その手段では実現できないと思う」

「私はね、死にたくないわけよ。オレはね、100歳まで生きるという目標があるから、平和ごときのために私のいのちを奪うというのは、たいへん大きな問題だと思うのね。同じように自分が生きたいひとがほかにもいると思うから、平和のためにいのちを犠牲にするのは嫌だね」

「人類一人一人を完全に隔離すれば、平和は実現できる。ほかのひとと接しないからさ」

「これまでも人類は何千年も何万年も平和を求めているのに実現していない。ということはそんなに簡単に実現できることではないってことでしょ。だから全員死ねばいいみたいなことを言うのはいささか暴論なのではないかと思う」

無理を実現しようとするとディストピアが現れる

さまざまな角度からの意見が出そろったところで、イモニイが発言する。

「これ、面白いから続けましょう。いまさらオレが論点整理する必要もないかもしれないけど、ここだけちょっと確認しておこう。Oくんが出してくれたのは、争いごとがない世の中を実現するためには、争いのもととなる人間なんて全部いなくなっちゃえばいいんだという論理だよね。それに対してみんなは、争いが起こらないという定義に対してはそりゃそうなんだけど、争いが起こらなければ自分がそれを望むかというとそうではなくて、自分もそこにいたいということだよね。自分がそこにいて、なおかつ争いが起こらない状況をつくるためにはどうしたらいいかということを考えてくれているんだよね。その方向性でみんなの意見を聞いてみたいじゃない。そのファシリテートしてください」

Oくんは持論を一端脇に置き、ファシリテーターに徹する。最初にOくんが極論をぶち込んでいるので、みんなも極論を発言しやすくなっている。

「飲み会とかでアルコールを飲めば、みんなワーイとなって、めっちゃアドレナリンとか出て、そういう状況では喧嘩とかなくなるんだけど、それが冷めたあとに喧嘩とか起こるから、常にアドレナリンが出て、楽しい気分でいられるように、すべての人間を洗脳できる薬を開発すればいいと思う」

「ペットですね。みなさん、犬を飼いましょう。犬がダメなら、ハムスターを飼いましょう。インコでもいいです。動物と仲良くふれあえないひとは平和じゃないんですよ」

「みんなずっと寝てればいいんじゃないかと思う」

「バーチャルリアリティの世界に人間のデータをすべてコピーしちゃって、その中だけで生きていけば、現実の世界での争いはなくなるはず」

「必ず市に5個くらい動物園をつくって、全員が1カ月くらい動物園で飼育員体験する法律をつくれば、動物が嫌いな人でも動物に癒やされると思う」

「なぜ争いが起こるかと言えば、平等じゃないから。だから、人間のDNAをぜんぶいっしょにしちゃえばいい。そうすれば羨《うらや》ましいとか欲とかが出てこないわけでしょ」

「みんな共通の神をつくる。1日にご飯は3食とか、絶対に3日に1回はホウレンソウを食べるとか、戦争をしちゃダメとか決めてもらって、みんなそれに従う」

念のために書いておくが、そういう世界を彼らが望んでいるというわけではない。あくまでも思考実験である。人間が存在しながら完璧な平和な状態をつくるにはどうしたらいいかという命題に論理的にアプローチしていくと、なぜかディストピアのような世界観ばかりが発案されるというたいへん興味深い現象が起きたのだ。

30分ほど経ったところで、イモニイが発言する。

「この議論はまた別の日に続けていきたいね。興味深かったのはさ、闘争本能が起こらないように薬を開発するとか、なんとか教みたいな宗教をつくるとかさ、バーチャルリアリティの世界に暮らすとかさ、要は、みんなを同じ方向にコントロールするという方法論がいっぱい出た一方で、動物を飼うとか、飼育員経験をするとか、人間だけの世界に別ののを入れてみようという発想が出たこと。この2つの方向性はちょっと逆のことのように見える。あと思ったのは、Oくん。いきなり激しいテーマをぶっ込んできたけど、そのテーマ設定が非常に面白い。そして内容には関係ないんだけど、オマエ、ファシリテート上手いね。これなかなかできないよ」

みんながOくんのファシリテートを拍手で讃《たた》えた。

「制約」が子どもたちの能力を高める場面もある

授業時間は残り30分。哲学対話が予想外に盛り上がり、大幅に予定時間を押した。本来は授業の後半1時間をかけて取り組むはずだった最後の課題「カプラ」に30分しか残されていない。

「カプラ」とは、小さなかまぼこ板のような積み木である。「シンプルイズベスト」な、本来は幼児用のおもちゃである。

別の教室に、複雑に積み上げられたサンプルのカプラがある（図9）。それを目視して、記憶して、教室で再現するという課題だ。4人1組で取り組む。サンプルのカプラを見に行っていいのは1人1回のみ。要するに1グループで4回しかサンプルを見るチャンスがない。1時間の制限時間のうち、どのタイミングで誰がサンプルを見に行くのか、作戦は自由だ。

が、この日は30分しか時間がなくなってしまったので、ルールを緩めた。誰もが自由に、何度でもサンプルを見に行けるようにしたのだ。いつもより短い時間で完成させるためである。

　しかしイモニイも想定していなかったことが起きた。いつもより仕上がりが遅れたのである。なぜか。

「これは面白い現象ですね。普段は、1回見てそれを必死に記憶して記憶が消える前になんとか再現しようという緊張感があります。でもそれが弱まった結果、何度見ても覚えられないし、再現できないという症状が出てしまいました。しかも全グループでその症状が起きています」

　通常やっている「1回しか見てはいけない」という「制約」が、子どもたちの力を高めていたことに、この日初めて気付いた。

　また、大勢が何度も教室を行き来するた

図9

この形を記憶して再現しなければならない

めに、移動の途中で机にぶつかり、せっかく完成間近だったカプラが崩れるという「事故」が頻発した。しかし、印象的だったのは、この教室の子どもたちが「加害者」を責めないことだ。

目の前のカプラがガシャンという音を立てて崩れるときにはさすがに落胆の表情を見せる。涙目になる子どももいる。しかし、ぶつかってしまった友達を責めるようなことはなく、気持ちを切り替えて、また一からカプラを積み上げ直すのである。それが、この教室のみんなに共通する態度なのだ。

「奇跡」を「奇跡」と決めつけているのは大人たち

イモニイと私は教室の後ろでその様子をただ見守る。イモニイは、「ほら、ちゃんと謝らなきゃ」などという口も挟まない。イモニイは私にこっそり耳打ちする。

「この教室で起きているほとんどのことは、学校では注意されてしまうようなことでしょう。でもそこで、注意してしまったり、問題が起こらないようにコントロールしてしまったりしたら、おかしなことになると思いますよ」

その「おかしなこと」を、普通の学校では当たり前のようにやってしまう。そこではいじめなどさまざまな人間関係の問題が起きているのである。

「いもいも」では、あえて大人が注意やコントロールをしないことで、子どもたちは、集団としての自律性やお互いの個性を認め合う姿勢を自然に身に付けているのだ。

聞けば最初のころは言い争いやいがみ合いもあったのだそうだ。しかし、それも黙って見守り、子どもたち自身に解決を委ねることで、少しずつ、集団として成長してきたのだとイモニイは言う。さきほどの「平和」の議論ではないが、これこそが、人類が求める「理想の社会」の「ミニチュア」ではないか。

「理想の社会」なんて机上の空論で「奇跡」でも起こらない限り実現するわけがないと私たち大人は知っている。しかし、限りなく「奇跡」に近いことが、この教室では起きている。この子たちなら、ひょっとして、社会にも「奇跡」を起こすことができるかもしれない。そう思えてくる。

いや、私たち大人が「奇跡」だと決めつけていることが、実は「奇跡」でも何でもないことを、子どもたちが証明しているだけなのかもしれない。子どもたちには、大人たちにとっての「奇跡」をいとも簡単に実現する力がもともと備わっているのかもしれない。

「僕はただ、目の前の子どもたちだけを見て、ありのままの彼らを承認しているだけなんです。その子たちがつくる社会が楽しみでしょうがないんです。これからの社会をこうしたいから子どもたちにこんなことを教えようとか、こんな力を引き出してあげようとか、そんな発想はいっさいありません」

プルッとしてくれればそれでいい

「いもいも」を始めた当初、生徒は5人の中学1年生だけだった。栄光学園で数学を教えるのと似た形で、数学系の思考問題を多く取り扱った。それこそ「正解のある問題」に多く当たらせた。学校と違って、自分で判断したことなら基本的に何をしてもいい。ルールは2つだけ。「楽しむこと」と「あきらめないこと」。

最初からいた5人のうち1人が、さきほど大活躍したOくんだ。はじめのころは「できない」「無理」が口癖だった。イモニイはそのたびに「できる！」「大丈夫！」と励ました。

教室を始めてまだ数カ月のころ、イモニイは問題を与える順番を間違えた。与えた問題がちょっと難しすぎたのだ。しばらく様子を見守るが、5人とも歯が立たない。いちど中断してもっと簡単な問題からやらせてみようかと考えた。

「ごめん。ちょっとそれ、中断して。ちょっと難しかったかもしれないから、こっちの問題からやってみようか」

イモニイがそういうと、Oくんが言った。

「あきらめないのがルールでしたよね!」

打ちのめされた。「あきらめない」と約束させていたのに、自分からその約束を破ってしまった。また、ほかでもないOくんがそう言ってくれたことがうれしかった。

「そうか。そうだよな。よし、そのままやってみよう」

時間はかかったが、最終的に全員が答えを出した。出題の順番を間違えなければもっとスムーズに多くの問題を解くことができて、結局時間内にその難問を含むすべての問題を終えることができたかもしれない。しかし、いきなり難問を与えられても心が折れず、最終的には解ききった。その経験自体に、問題の数をこなすことよりも大きな意義があると、イモニイ自身が痛感した。「この子たちにはちょっと無理かな」と一瞬でも思った自分を恥じた。

「いもいも」が2年目を迎えたときには運営上の問題が生じた。中1だった生徒たちが中2になり、新しい中1を迎え入れることになった。しかし2学年を別々に教えるだけの時間的余裕はない。

結局2学年をいっしょに教えることにした。しかしそうなると、中1と中2では数学的なレベルが違う。同じ問題を同時にやらせれば、中1には難しすぎて、中2には簡単すぎる。そこで、数学的技能に依存しない、より思考力重視型の問題を扱うようにシフトした。これが思った以上に大変だった。

「数学的な能力が大きく違う子どもたちが共通して楽しく学べる教材となると、選択肢がかなり限られるんですよね。毎回の授業プランを考えるのがとてもつらかった。吐きそうなくらいでしたよ」

吐きそうな気持ちが半年ほど続いたころ、教室運営に関わりたいというひとたちが続々現れる。栄光学園の教え子の保護者、栄光学園の同級生、他校の教員、大学の教員、教育学を学ぶ大学院生などなど。イモニイにとって救いの神だった。

それから毎回の授業の前に2時間の「教材開発会議」を行うようになり、イモニイは独りでなんとかしなければいけない重圧から解放された。それからは授業の幅も広がった。数学を教えるという枠組みどころか、思考力を鍛えるという枠組みさえ薄れていった。子どもたちが目を輝かせてプルッとしてくれればそれでいい。それが「いもいも」の理念になった。

仲間が増えて気が楽になったのか、2018年4月には東戸塚にも「いもいも」をオープンした。こちらも「花まる学習会」系列の教室を間借りして、平日の夕方に授業を行う。「集まったスタッフと盛り上がって、神奈川の子どもたちにも門戸を開こうよという話になり、ノリで始めたんですけど、おかげで予想以上に激務になっちゃいました」

大自然に繰り出す「いもいもキャンプ」

教材開発会議ではさまざまなアイディアが提案される。いいと思ったものはその日の授業にすぐに採用され、生徒たちの反応を見ながら随時微調整をする。さきほどのカプラもそうやって始まり、少しずつ進化して、人気メニューになった。

最近は、直接的に学校のテストの点数を伸ばすわけではないが、クリエイティブな思考の土台となる力が鍛えられるアクティビティを多く取り入れている。一方で、イモニイは最近、答えのある問題に取り組む重要性も改めて感じているとも言う。

「『なんじゃこりゃ?』と思うくらい難しい問題に取り組み、ごまかさず徹底的に考え抜いて答えにたどり着いた経験は、子どもを大きく飛躍させます」

やり方を教えてもらってそれを反復練習するだけではこの飛躍は起こらない。

「見たこともないような問題に、自分で考えたやり方で取り組み、間違え、『どこが間違ってるんだろう』と考え、『あ、そっか!』『わかった!』と思えるまでそれを何度もくり返すことが大切です。自分で考えたやり方でやるから、間違えたときに『どこが間違ってるんだろう』と考えるんです。そうすると、答えのない問題にも、ごまかさず自分のやり方で徹底的に取り組むことができるようになります。『いもいも』の子どもたちを見て、気付いたことです」

ただし、それぞれの生徒にとってちょうどいい難易度の答えのある問題をやらせるには、異学年混合ではやりにくい。そこで今後は、学年別で答えのある問題に徹底的に取り組ませる時間を設けるしくみを考案中だ。

そのほか、ゲストスピーカーを呼んで、そのひとの特異な体験を話してもらい、それを題材にしてディスカッションみたいなことは頻繁に行う。ゲスト自体が教材だ。「哲学対話」と称して、「幸せとは何か?」「戦争をなくすにはどうしたらいいか?」など抽象度の高い話し合いをすることもある。「いもいも」ではどんなぶっとんだ意見を言っても、いきなり否定されることはない。価値判断ではなく、思考実験だからだ。ぶっとんだ反社会的な意見を発しても、それを論理的に考察していく過程で、その意見に本当に妥当性があるのかないのかが自ずと見えてくる。

「いもいも」では、イモニイ以外に常時数人のスタッフが授業に参加しており、彼らが写真や動画を頻繁に撮る。それをSNS上で共有し、「このとき○○がこんな表情をしていた。もしかしたら何か違和感があったのかもしれない」とか「カプラのときに、○○くんが△△くんのことを気遣って、こんな言葉をかけていた」などと記録に残す。これを毎回の授業で、かなり細かい話まで記録に残す。そこから授業の改善点を見いだしたり、新しい教材のアイディアが生まれたりする。これは「ドキュメンテーション」などと呼ばれる教育手法であるが、それを意図して始めたわけではない。「いもいも」のスタッフ間で、自然に始まり、継続している。

スタッフの誰かがSNSで共有した動画を見て、別のスタッフが見解を書き込む。するとまた別のスタッフが別の角度から見た見解を書き込む。そうやってみんなの視点を共有し、多角的に生徒たちの成長を見守り、授業の改善点を追求する。

最近では、教室の外へも飛び出す。「いもいもキャンプ」だ。

2018年の夏には、山梨県桐原《ゆずりはら》に行き、1泊2日で、川遊び、肝試《きもだめ》し、花火、屋外暗闇でのトークセッションなどを楽しんだ。

2018年の年末には、長野県黒姫に行き、大雪が降るなかで、大きなかまくらをつくったり、雪だるまをつくったりした。消灯時間が決まっていただけで、あとは完全にフリータイム。2日目の夕食と、3日目の朝食は子どもたちでつくることになり、話し合いでメニューを決め、買い出しに行く代表者を決め、みんなで手分けして約40人分の食事を用意した。

寝食をともにするなかで、子ども同士のなかにもやはりさまざまな人間模様が表れる。意見がまとまらないこともある。取っ組み合いが始まることもある。そんなときにもよほどのことがない限り、「いもいも」の大人たちは、口を出さない、手を出さない。彼ら自身の解決に委ねる。

たとえば雪山キャンプではこんなことがあった。

夕食の時間にみんなでカレーを食べていた。余ったゆで卵をめぐって、3人の男の子たちがじゃんけんを始めた。どういういきさつかはわからないが、そこから不穏な空気が流れ始めた。取っ組み合いになりかけて1人が憮然《ぶぜん》としたままその場を離れた。すると別のテーブルにいた別の男子が、彼にナンセンスなギャグでからんだ。憮然としていた彼も、あまりのナンセンスさに思わず吹き出す。一気に場が和んだ。一部始終を見ていて、介入のタイミングと方法を案じていたのだ。しばらくして、取っ組み合いをしていたふたりはどちらから謝るでもなく、再び会話を始めた。こういうシーンを、「いもいも」ではよく目にする。

たくさんのひとがいれば、意見が食い違うことはある。感情がぶつかり合うこともある。それは悪いことじゃない。お互いの立場を尊重すれば、自分には見えていなかったものが見えてくることがある。1対1では平行線になりがちな議論も、誰かが間をつなぐ役を買って出ればまとまることを、「いもいも」の子どもたちは経験的に知っている。

その安心感があるからこそ、みんながありのままの自分を表現できる。ありのままのお互いを認め合える。自分で判断できる。他人の判断を尊重する。キャンプ中に限らず、「いもいも」の教室にはそういう文化が育っている。

課題発見能力や論理的思考力を鍛える活動もさることながら、「いもいも」のいちばんの魅力は実はそこにあるのではないかと私は思いはじめている。

1問に対し、クラス全体で約1時間議論

２０１９年1月にお茶の水教室を訪れたときには、生徒数は約35人になっていた。この日は関西の男子進学校と、東京の女子進学校からそれぞれ１人の教員が見学に来ていた。

世間ではインフルエンザが猛威を振るっていた。「いもいも」のスタッフ１人も罹患《りかん》してお休みだった。そこでイモニイは「季節になったらやろうと思っていたんですよ」というパズルを繰り出す。その名も「インフルエンザパズル」。

６×６マスの枠を、教室に見立てる。36人の生徒がいることになる。自分を囲む前後左右４人の生徒のうち、２人以上がインフルエンザになると、自分にも伝染すると仮定した場合、最低何人のインフルエンザ罹患者がいればクラス全体に感染するか。これを考える。

まず10分くらい、黙って一人一人考える。その後4人くらいのグループになり、お互いに自分が気付いた法則性を共有する

20分ほど経つと、ほとんどのグループで「どうやら6が最低じゃないか」というところまで話が進んでいた。各グループの議論が温まってきたところで、イモニイが新たな燃料を投下する。

「いま、6×6で考えてもらっているけど、どうせなら、不特定のn×nで一般化できる法則が見いだせないか考えてみて」

たとえば教室の対角線上に座る6人がインフルエンザに罹《かか》れば、教室全員に感染する。6人の配置はほかにも考えられる。しかし「最低6人必要」と結論を出すためには、「5人」では全員が感染することは絶対にないと証明しなければならない。イモニイは生徒たちにそこまでを求める。

そこから先は教室全体でのディスカッションをイモニイがファシリテートする。生徒たちは代わる代わる黒板の前にやってきて果敢《かかん》に持論を展開するが、なかなか論理的に正しい証明はできない。一見正しそうな論理展開でも、論理に穴があれば、別の生徒がそれを指摘する。説明がわかりにくいときにはイモニイが補足する。

議論は約1時間続いたが、結論は次回に持ち越しとなった。イモニイがいったんまとめる。

「この問題は考え続けてください。考える筋として正しいのは、『こうかもしれないじゃん』というアイディアが出てきたときに『それはあり得ない』と言うのならば、あり得ないことを証明すること。でも、もしそれがあり得た場合は、また別の考え方をしなければいけない。そのくり返しです」

見学に来ていた2人の教員は、「1つの課題にここまで贅沢に時間をかけるんですね」と驚いていた。

「幸せって、何？」

続いて、イモニイはタブレット端末を取り出して、プロジェクターにつないだ。そして正月休みにセブ島に行き、現地の児童養護施設の子どもたちや貧困地域に暮らす子どもたちと交流した際の動画を映写した。

「親と暮らせない」「経済的に困窮している」などのハンディキャップがありながらもキラキラと輝くような笑顔を見せてくれるセブの子どもたち。彼らの幸せそうな表情を見て、「いもいも」の子どもたちが何を感じるのか。

動画の上映が終わってイモニイがこの日のディスカッションのテーマを明かす。

「ちょっとベタなテーマなんだけどさ、『幸せって何？』ってことを考えてみたいんだけど」

イモニイがファシリテートして、クラス全体から意見を吸い上げ、板書する。

生徒A　楽しい瞬間が訪れること。

イモニイ　ずっと楽しいというわけではなくて、ときどきぽーん、ぽーんと楽しい瞬間がやってくるということね。

生徒B　だってさ、いつもハッピーだとさ、ハッピーなことに慣れちゃって、ハッピーだと感じられなくなってくるよね。

イモニイ　幸せっていうのはそういう側面もあるかもしれないよね。なるほど。深いね。

生徒C　別にオレはずっとハッピーでも楽しいと思う。ずっと読んでいた本は何度読んでも楽しいから。

イモニイ いつもハッピーでも、いつまでもハッピーということもあるってことね。

生徒D 友達がいればハッピーじゃね。

イモニイ 友達がいればハッピーか。

生徒E いままでの意見はぜんぶプラスの側面じゃないですか。そのひとの生活というのは親がいて、きょうだいがいて、友達がいて……、東京に住んでいると、インターネットがあって、スマホがあって、仕事があって……、生活の主軸があるじゃないですか。それがなんというか、なくならないというか……。

イモニイ なんて言えばいいんだ?

生徒E 「何か」がなくならないということ。

イモニイ ああ、何かがあるというんじゃなくて、いつも当たり前にある大事なものがなくならないことが幸せなんじゃないかということね。なるほど。

生徒F でもさあ、なくなったらつくればいいじゃん。

イモニイ そうか。要するに、何かがなくなったとしても、「よし次行こう」と思えばいいじゃないかということか。

生徒C　ペットが死んでやばくなっちゃうひともいるじゃん。でもさあ、結局ペットも娯楽なわけじゃん。だからさあ、それがなくなったらまたほかの娯楽に目覚めればいいじゃん。

生徒G　それさ、自分のお母さんが亡くなったらまた新しいお母さんを見つければいいってこと？

生徒C　お母さんがいなくなったら、オレが、ママになってやる。

生徒G　なんじゃ、そりゃ。それ、ひとによるよ。

イモニイ　ひとによるってところでさ、ペットが亡くなるとか、身内が亡くなるとかしたときにさ、もうしょうがないっていって切り替えられる場合と、そうじゃない場合とって、何が違うんだろ？

生徒B　そのひとに対する思い入れの深さじゃない。

生徒H　前向きか前向きじゃないか。

イモニイ　性格的なところか。

生徒E　失ってもすぐに気持ちが切り替えられるものっていうのは、そのひとにとって、生活の中心じゃなくて、生活の端っこくらいにあるものだと思う。

イモニイ どれだけ人生のど真ん中に近いかってことか。

生徒C いちばん大切なのは自分じゃね。オレはさ、オレのまわりの人間がバッタバッタ死んでいったら「あら、かわいそうに」って思うよ。そうは思ってあげるよ。でもさ、いやー、オレはさ、死にたくないよ、まだ。オレが死んだらさ、ここにいるみんなも「悲しいな」って思ってくれるとは思うけどさ、きっといちばん悲しいのはオレ自身だと思うよ。死んだけど。仮に○○が死んだとしたら、悲しけれど、それは○○の人生であって、知り合えたことだけで幸せってレベルだよ。いちばん大切なのは自分の人生だよ。

生徒I ○○殺すなよ。

イモニイ 「○○殺すなよ」って思うけど、○○、なにうれしそうな顔してんだよ!

生徒たち ガハハ!

イモニイ ちょっと整理しよう。ひとには幸せがいろいろある。幸せの感じ方もいろいろ。そこでもう一度立ち返ってほしいんだけど。フィリピンの子たちってさ、われわれの生活からすると、全然違う生活をしているわけだ。そうでしょ。だってさ、さっきの児童養護施設ではさ、1日の食費1人あたり50ペソ。100円くらいだよ。そのなかで切り盛りしているの。現地のひとの家に泊めてもらったこともあるけど、食事は白米があって、あと魚一匹ずつみたいな感じ。スープもあったけど、僕らが飲むスープとはちょっと違うね……。

とっさのトラブルに素早く対応する生徒たち

ここでトラブルが起きた。生徒1人が体調不良を起こしてぐったりしてしまった。それに気付いた別の生徒が「△△大丈夫？」と叫び、ほかの生徒たちもとっさにそれぞれにとるべき行動をとる。

こういうときに「いもいも」の生徒たちの判断は素早い。体調不良の生徒のまわりの生徒たちが自分たちの机と椅子を移動させ、横に寝かせるスペースを確保した。するとまわりの生徒たちが自分たちのコートを枕にしたり、布団にしたりして、そこに体調不良の生徒を横にした。いちいち大人の判断を仰がない。

大人のスタッフが倒れた生徒のそばに付き、イモニイが保護者に電話して、事情を説明し、迎えに来てもらうようにお願いすると、生徒たちも自分たちの席に戻った。その間、たったの3分。

お互いに見えている状況や思いついたことを共有し、お互いの判断を信じて自分の判断したことを各自で遂行する。見事な連携プレーだった。

授業後、イモニイから私にメールが届いた。

「中途半端で終わってしまいましたね。すみませんでした。でも、子どもたちの対応は本当にすばらしかったですね。『いもいも』での授業は、僕もまだまだ手探りの状況で、反省点は見えても次の一手は全然見えない、このくり返しです。でも不思議なことに、学校で教えているときとはまた違う『奇跡』に感動することがたくさんあります。これが一体なんなのか。ここにいま自分が追い求めているものの答えがあるような気がしています」

第3章

伝染《うつ》るんです

保護者まで変わってしまう

現在ボランティアスタッフとして「いもいも」に関わる園生賢一《そのおけんいち》さんは、栄光学園の卒業生の保護者だ。普段はシンクタンクで働いているが、関西の中学受験塾で講師をしていた経験もある。

息子の悠太《ゆうた》さんがイモニイのクラスに当たることはなかったが、サッカー部の顧問としてたいへんお世話になったという。イモニイが学校の外でユニークな取り組みを始めたと聞いて、自分にも手伝えることがあればと思って手を挙げた。

「息子は小学生のころからサッカーをやっていて、中学入試で合格したすぐあとに、サッカー部の練習を見に行ったんです。そこで声をかけてくれたのが井本先生でした。『こいつらより、きっとキミのほうがうまいでしょ』って笑ってくれて、息子も緊張が解けて。優しい先生だなと思いました。ときどき試合を見に行くと、井本先生が子どもの個性に合わせて声のかけ方を変えているのがわかります。目立ちたがり屋の子どもには、みんなの前で褒めるし、恥ずかしがり屋の子には、すっと横に行って小さな声で褒めます」

特にサッカーでは目立たない子どもたちによく声をかけていたのが印象的だったという。

「息子が中3のとき、鎌倉市大会で得点王になりました。でも学校では赤点王（笑）。高校進学がヤバかった。イモニイは息子の担任でも数学の担当でもありませんでしたが、夏休み中の部活の合間の自習時間などで特別に勉強を見てもらい、なんとか進学できました」

イモニイは当時を振り返りこう言う。

「あのときの悠太はとんでもなくて。最後はヤマをかけて『これだけやっとけばなんとかなるから』という教え方をしたんですよ。あのときの僕は、教師としての魂を悪魔に売ってましたね（笑）」

高1のとき、イモニイがもう20年以上も続けている日本の児童養護施設での学習支援活動に参加してみることにした。

そこではじめて親たちと暮らせない子どもたちを目の当たりにする。何不自由なく育てられた自分とはまったく違う境遇で暮らす子どもたちがいた。ひととの接し方も、栄光生たちのそれとはまるで違う。両親が心配するほどに大きなショックを受けた状態で帰宅した。動揺した母の晴子《はるこ》さんはイモニイに連絡し、イモニイも注意深く見守ることにした。

ところが悠太くんは、翌週も「もう一度行く」と決めた。見たくなかった現実と向き合う勇気を奮い立たせたのだ。

高2になる直前、悠太くんをどん底に突き落とす不幸が襲う。ギラン・バレー症候群という病気になってしまったのだ。手足に力が入らなくなり、サッカーで鍛えた筋肉が見る見る落ちていく。

「何かの悪い冗談のようでした」と両親は当時を振り返る。

幸い数カ月で症状は改善した。サッカーはあきらめざるを得なかったが、代わりに「アフリカに行きたい」と言い出した。倫理の授業で、『風に立つライオン』というアフリカで孤軍奮闘する医師を題材にした映画の話を聞いて、どんなところなのかをこの目で見たいと言い出したのだった。

悠太くんは「教育ボランティア」というプログラムがあることを、自分で調べて、両親にプレゼンした。タンザニアで3週間、幼稚園の先生をするというのだ。

「いまふりかえると、まだ16歳の息子をよく行かせたなと、我ながら驚きます。でも、その当時は、加藤旭《かとうあさひ》くんのこともあり、一度しかない人生、本人が元気で生きていて、どうしてもやりたいと懇願されたら、親としては息子を信じて送り出す以外にないのではないかと思ったのです」

加藤旭くんは、悠太くんの栄光の同級生。高2のとき、脳腫瘍で亡くなった。彼は音楽を愛していた。生前に彼がつくった曲が、2時間目と3時間目の間の休み時間に、毎日栄光学園の校内に流される。

病気を乗り越え、アフリカの大地をその目で確かめた悠太くんは、自ら勉強するようになった。そして見事現役で慶應義塾大学に合格した。これにはイモニイも驚いた。まさかそこまで学力が復活するとは、さすがのイモニイも思ってもいなかったのだ。大学に入ってからも自ら目標をもって活発に行動し、学んでいる。大学1年生の夏休みには、単身で北朝鮮を訪れるなど、イモニイ仕込みの「変態道」を突き進む。

悠太くんは「僕以上に栄光を味わい尽くしたやつはいない」と胸を張る。両親は「とりわけ井本先生にはお世話になった」と口をそろえる。

息子の卒業を間近にして、賢一さんは自分のセカンドキャリアに向けた準備のため、イモニイに「教室を手伝わせてほしい」と申し出た。「いもいも」に参加するようになってから、視野が広がった気がしている。妻の晴子さんも「仕事人間で言葉数も少なかったパパが変わったことがいちばんびっくり！」と笑う。

イモニイは、生徒の保護者までをも巻き込み変えてしまう力をもっている。

『名人伝』の域に達した教師としての腕

栄光学園でイモニイの同期だった土屋敦《つちやあつし》さんも、吸い寄せられるように「いもいも」にやってきた。

「中学生のころの井本は、無邪気な子のイメージでした。弟キャラ。いまでも覚えているのは、東海道線のなかにアゲハチョウが舞い込んできて、ほかにも乗客がいるにもかかわらず、夢中で蝶を追いかけていたあの姿です。いまの井本は、あのまんま大人になった感じですよね。一方で、学校の中で目立ったり群れたりするタイプではありませんでした。我が道を行くタイプ。いま思えば、そこにはお兄さんのこともあったんじゃないかと思います」

イモニイのお兄さんには生まれつきの障害がある。非常に無邪気な子どもであった一方で、どこか冷静に世の中を見ている少年だったと、土屋さんは当時のイモニイを分析する。

とはいえ在学中は大親友というほどの仲ではなかった。たまたま共通の知り合いの結婚式で同じテーブルになり、再会した。土屋さんのかつての会社の同僚が、イモニイの東大時代のテニスサークルの後輩だったのだ。

栄光学園では、毎年高校1年生を対象に、ＯＢが1年間の授業を行う講座が設定される。そこでイモニイが土屋さんに声をかけた。土屋さんは現在、フリーの雑誌編集者として活躍する一方、料理研究家として『男のパスタ道』など数々のヒット作を著している。栄光生に1年間、料理を教えた。

私に言わせれば、土屋さんもかなりの「変態」だ。大手出版社で週刊誌の編集に携わるも早々に「寿退社」。中米を放浪し、帰国してからは佐渡島に自力で家を建て、自給自足の生活をしながら、そこで子どももうけた。現在は山梨県の山間で、畑を耕しながら、料理研究家として暮らしている。

土屋さん自身、子育てのなかで、現在の教育のあり方、特に地方の教育格差に強い疑問を感じていた。その思いを伝えるために、イモニイに会いに行った。そのときはまだ心のどこかに「すごい先生だと評判になっているらしいけど、しょせんは優秀な生徒を相手にしている教育でしょ。井本が田舎の子どもたちを教えられるのか」という気持ちがあった。

土屋さんが切り出す。

「どうやったら子どもたちを伸ばせるんだろ？」

イモニイが笑う。

「何言ってんだよ。伸ばさないよ。子どもたちは勝手に伸びるんだよ」

土屋さんはその一言で衝撃を受けた。言われてみればその通りだった。

「子どもそれぞれのいいところを伸ばす」という表現も違うと言われた。

「だって『いいところ』って誰が決めてるの？　その時点で大人の価値観で子どもを『評価』しているじゃん」というのがイモニイの論理だ。

「井本はそのへんがものすごく原理的というかラジカルというか……。子どもたちが5分間じっくり考えただけでもそれを承認する。子どもたちが見せてくれた輝きをそのまま承認する姿勢がまったくぶれないんです」

土屋さんのなかにあった〝常識〟が崩れた。もともとは土屋さん自身、〝常識〟の通じないひとだ。それでも教育に関しては、〝大人〟として〝常識的〟にふるまってしまいがち。自分が知らず知らずのうちに身に付けてしまっていた思い込みに気付いた。

「井本のすごいところは、子どもたちのことをよく見ているんだけど、神経質に分析的に観察しているわけではないところなんです。包み込むように接するんですね。だから空気がピリピリしない。子どもたちも見られていると感じない。たとえば僕なんかは、小さなことに気付けるようになったらなったでそのぶん心配になってしまったりするのですが、井本はそうじゃない。きっと1年、2年という長いスパンのなかで子どもが変わっていくことをよく知っているから慌てないのでしょうね」

土屋さんは自分もイモニイの教室に全面的に協力することを決めた。

「普通のひとは、どうやったら上手く教えられるのかとか、メソッドを知りたがるじゃないですか。でも井本は『やり方じゃないんだよ。キャラを使うんだよ』という言い方をします。それぞれの先生が自分のキャラに合ったことをしていれば生徒は必ずついてくると言います」

一方で土屋さんは、イモニイがセブ島の教育支援で「さすがはプロ！」というテクニックを披露したのを見たことがあると証言する。

「いつも教えている生徒ではないので、短時間で子どもたちの意欲に火をつけるために、伝家の宝刀を使ったのでしょう。おそらく日本でも、かつてはもっとテクニックを使っていたのだと思います。でもきっとあるときから、テクニックに頼っているようではダメだと悟りを開いたのでしょうね。いざとなったら使える伝家の宝刀を隠し持ちながら、それは使わないで教えているのがいまの井本のスタイルだと思います」

まるで中島敦の『名人伝』に出てくる「不射之射」の域である。

「さらに井本のすごいところは、子どもたちだけではなくて、僕たち大人のこともバシバシ承認してくれるところです。自分の存在をまるごと承認されてしまうと、素の自分に戻れてしまうというか、無防備になれるというか……。不思議なもので、自分が無防備になると、今度は僕たちも、子どものちょっとした変化とか、輝きとかがわかるようになってくるんです。井本の『承認』が自分でもできるようになってくるんです。それを僕らは『承認ゾンビ』と呼んでいるんですけど（笑）」

いいことを聞いた。イモニイの教育をメソッドとして明文化してまねすることはできないが、イモニイとしばらくいっしょにいれば、自然に伝染するというのだ。

象徴的なことがあった。雑誌の編集者が「いもいも」に取材に来たとき。そこで1つのグループが、課題に取り組めないでいた。グループとしてまとまらず、みんながそれぞれに葛藤を抱えた状態で、完全に手が止まっていた。そのとき編集者が土屋さんに近寄り、小声で「あのグループは何もしてないですけど、いいんですか？」と聞いた。

土屋さんはにわかに驚いた。何もしていないように見える彼らがいままさにうまくいっていない状況のなかからものすごく多くを学んでいるように、土屋さんの目には見えていたからだ。それが見えるようになっている自分に驚いた。おそらくイモニイには昔からそれが見えているのだ。

「イモニイイズム」ともいうべき教育スタンスの一端が土屋さんに伝染してからは、土屋さん自身にも大きな変化があった。

まずわが子を見る目ががらりと変わったこと。そして、栄光学園で続行している料理の授業にも手応えを感じ、授業をするのが前よりも楽しくなったこと。

「いまではもう、生徒たちが自分でやってくれるようになって、授業中、僕のやることがなくなっちゃったんですよ。『そういうときは何をしていればいいの？』と井本に尋ねたら、『ニヤニヤうろついていればいいんだよ』と教えてくれました。実際そうしていると、生徒たちが安心してくれて、どんどん無防備になっていくんですよ」

ただニヤニヤしてうろつくだけでも、非言語的な承認が伝わるのである。

「授業の構成について悩んで井本に相談したときには、『料理が楽しいということさえ伝われば、あとは生徒たちが勝手に動き出すから大丈夫』と言ってくれました。それだけに意識を集中するようになってからは、僕も純粋に授業が楽しめるようになりました。だからきっと、井本も毎回の授業が楽しくてしょうがないのだと思います」

「困ったちゃん教師」の素質を見抜く

現在アラサーの英語教師、飯塚直輝《いいづかなおき》さんは鎌倉学園中学校・高等学校に就職した1年目に教員仲間の紹介でイモニイに出会った。「良かったら授業を見学においでよ」と気さくに声をかけてもらい、栄光学園を訪れた。教育観や生徒を見る目が、自分と近いなと感じた。教員になったばかりの飯塚さんは〝理想〟に燃えていた。生徒たちの主体性を大事にした学び合いを実現したいと思い〝常識〟にとらわれない授業を展開していた。

しかしまわりの教員や保護者からはたいへんな不評を買い、まるで〝問題児〟扱いをされた。生徒の反応も賛否両論だった。自分は正しいことをしているという確信はあったのに、実際にはうまくいっていなかった。不安とフラストレーションが募っていた。

そこで、イモニイに自分の授業を撮影したＤＶＤを見てもらうことにした。イモニイからのアドバイスは、「飯塚のやり方でやればいいよ」だった。

「『ああ、これでいいんだ』と思いました」

まわりの教員から怒られて不安になっても、イモニイの励ましを思い出して、自分を曲げなかった。しかし最近、飯塚さんは真実を知った。

「めちゃくちゃいいと思ったわけではないけれど、飯塚は飯塚なりの哲学をもっていたから、言って聞かせるよりも自分で試行錯誤したほうが成長するだろうと思ってさ」とイモニイから明かされたのだ。

イモニイ本人に確認すると、真実はもっと痛かった。

「いやぁ、はっきりいってとんでもない授業だったんですよ。でも、飯塚は自分の確固たる信念をもっていた。そこで僕が何を言っても変わらないだろうと思ったんです」

当時の生徒やその保護者がこれを読んだら複雑な気持ちになるかもしれないが、イモニイの顔に免じて許してほしい。1人の教師が成長するには時間がかかる。信念のない教師が教科書通りの授業をただ惰性でやるよりも、下手でも元気な授業のほうが、長い目で見れば教育効果は大きいと私は思う。イモニイも同じ思いだったに違いない。そしてイモニイはこうも補足する。

「でも飯塚には柔軟性があったんですよ。2年目には、1年目のやり方をガラッと変えました。あそこまで頑なにやっていたことを変えるのはとても勇気の要ることです。でもそれができるということは、柔軟性という、教師として大切な資質をもっているということなんです。飯塚には信念と柔軟性がある。『こいつはすごい教師になるぞ』と予感しました」

飯塚さんは2017年の秋に初めて「いもいも」を見学した。

「子どもたちが楽しそうで、子どもたちのファンになってしまったんです。彼らをまた見たい、彼らにまた会いたい。そう思うようになりました」

そこからほぼ毎週、「いもいも」に参加するようになった。いまではイモニイの右腕として、教室運営に関わっている。生徒たちからは「いじられキャラ」として親しまれている。

飯塚さんにとって、イモニイは、尊敬する先輩であり、身近にいる憧れの存在だ。

「イモニイの授業は面白いですよね。まるで自然にその場のノリでやっているように見えますが、実は子どもたちをプルッとさせるための話の順番や授業の展開の方法を、徹底的に考え抜いて計画しています。しかし子どもたちを相手にしていれば当然想定外が毎回起こる。それも想定している。そこで、その場で授業をつくり直すんです。いわゆるインプロというやつですね」

「インプロ」とは英語でいう「improvisation（即興）」のこと。その対応力が卓越しており、それによりライブ感のある授業が毎回実現しているのだと飯塚さんは分析している。

私から見れば飯塚さんも、イモニイに負けず劣らず「天然」で、ピュアで、「変態」である。子どもたちから慕われる「お兄さん」のような教師だ。いま、常にイモニイの傍らにいる飯塚さんは、自然体であり、気負いがない。

「イモニイといっしょにいると、自分を受け入れてもらえているような感じがします。何をしても面白がってくれる。子どもたちだけではなくて、僕たちスタッフのことも承認してくれます。言葉で承認は誰でもできると思うんです。でも、イモニイの場合、本当に『承認』してくれているのが伝わってきます。それが天性なのだと思います。一方で、イモニイも若いころには迷いがあったそうです。ときどきそんな話もしてくれるので、共感できるし、励みになります」

最近では飯塚さんも、学校の外で授業を発表する機会が増えた。外国人観光者を相手に、高校生たちが英語で鎌倉を案内するという活動がメディアで取り上げられたりもした。イモニイというロールモデルの存在が、理想に燃える若き教員を卓越した「変態教師」に育てているのだ。

「いもいも」で教育実習!?

「いもいも」のメンバーには学生もいる。埼玉大学大学院の教育学研究科に所属する青木《あおき》和也《かずや》さんは、ひとからの紹介でイモニイの栄光学園での授業を見学させてもらった。

「授業が始まる前はフランクな印象でしたが、授業が始まった途端にオーラを感じました。見学のあとに授業に対する意見を聞かれて、僕も率直に感じたことを答えました。すると、指摘した点について、解説してくれたり、共感してくれたり、学生の僕の話を一つ一つ真《しん》摯《し》に受け止めてくれていたのが印象に残っています」

そのときに「いもいも」の話も聞かされ、「ひまがあったら見に行ってやるか」くらいに思っていた。

2017年の秋、初めて「いもいも」を見学したとき「面白いぞ」と感じた。2回目には授業前の教材開発会議にも参加した。勝手のわからない青木さんの提案がその場で採用され、その日の授業に反映された。初めて参加する会議で、しかも学生である自分が、何歳も年上の大人に交じって対等に意見を聞いてもらえる。なかなかない機会である。

「僕もそこで『承認』された気がしました」

そこからほぼ毎回、教材開発会議に参加するようになった。いまではほぼコアメンバーとして、授業を支える。

「教材を考えるという意味では多くを学んでいます。また、考えた教材を実際に試してみて、生徒たちの反応を見て改善するサイクルが速い。そのテンポの良さみたいなものは、自分が関わる別の活動でも役立っています。ここに集まってくるひとたちの考え方とフットワークの軽さには驚くばかりです」

光に吸い寄せられる虫のように、イモニイに集まってくる仲間たちのことである。

久富《ひさどみ》耕輔《こうすけ》さんは、全国の学校をさすらう流しの数学教師。腕はイモニイの折り紙付き。生徒への共感力が高く、涙もろい。それでいて、自分の信念を曲げない気骨がある。松田《まつだ》能《よし》文《ふみ》さんは、イモニイがまだ新米教師だったころの教え子で、現在大学で数学の教員をしている。教材開発会議で次々と新しいアイディアを提案してくれる頼もしい存在だ。金成東《きむそんどん》さんは私がネットに書いたイモニイの記事を見て「いもいも」にやってきた。

類が友を呼ぶのか、イモニイイズムが伝染していくのか。おそらくその両方だろう。ちょっと話せばわかる。みんな、「普通」じゃない。

学生の立場から見て、イモニイのような大人はどう見えるのか。

「いつもカバンのチャックが開いているとか、ものをなくすとか、そういうところはほんとにガバガバで『大丈夫なのか？』と思うのですが、子どもと接しているときにはそういうところを見せないんですよね。あ、あと、笑ったのが、『青木くんって、自分の興味のないことに全然反応しないよね』ってイモニイに言われたことがあるんですね。それ、そのままイモニイにお返ししたいですよね」

おっしゃる通りである。

青木さんが教員の道に進むのかどうかはわからない。しかし何らかの教育関連の職に就くことはたしかであるような気がする。学生の時点で、一風変わった大人たちに出会い、もまれ、「いもいも」の子どもたちが日々起こす「奇跡」を目の当たりにすることは、彼の教育に対する視点を信じられないほど高く引き上げることだろう。

教育関係の職に就く若者の1人でも多くが、青木さんと同様の体験ができるようになれば、日本の教育は意外と簡単に変わるのではないかという気がしてきた。「いもいも」で教育実習生を受け入れてはどうだろうか。こんどイモニイに聞いてみよう。答えは「ＹＥＳ！」に決まっているが。

毎週わざわざ愛知から通う生徒も

一期生として「いもいも」に通った飯嶋帆乃花《いいじまほのか》さんは、愛知県在住だ。3年間、毎週末、新幹線で「いもいも」に通った。

2019年の春からは、スイスの名門ボーディングスクール（全寮制学校）である「エイグロン・カレッジ」への進学が決まっている。本来なら2018年秋からエイグロンでの新学年が始まっているのだが、「いもいも」に最後まで通いたいという思いから、入学を半年延ばしてもらった。

そんなお子さんの保護者は、きっとユニークな教育観をもっているに違いない。ということで、母親のゆみさんに話を聞いた。しかしまず話してくれたのは意外な事実であった。「帆乃花には年の離れた兄がいます。つまり私の長男です。長男の子育てでは、私はいわゆる〝教育ママ〟でした。テストが80点なら、できていない20点を責めるような親でした」

おしりを叩いてでも勉強させて、いい学校に押し込むことができれば、それが子どものためだと思っていた。中学受験では見事第一志望合格を勝ち取る。

「でも、中学入学後すぐに息子はバーンアウトの状態になってしまい、中1で退学しました。一時はどうなることかと思いましたが、夫の支えもあり、立ち直り、いまは自分の夢を実現しています。あのまま偏差値エリートの道を進ませなくて本当に良かったなと思っています。おかげでいまとなってはこうやってお話しすることができますが、それでも息子には、いまでも申し訳ない気持ちがあります」

その反省から、帆乃花さんに対しては、親としての関わり方を変えた。

帆乃花さんが小学1年生のとき、新聞で「花まる学習会」代表の高濱正伸さんの記事を読んだ。イモニイに「いもいも」の教室を提供しているあの高濱さんのことである（詳しくは第2章を参照）。「メシが食える大人に育てる」というキャッチコピーを見て、「これだよ！」と夫婦の意見が一致した。

当時、帆乃花さんは大学付属の私立小学校に通っていた。

「高濱先生はよく『もめごとは肥やし』と言いますが、その小学校にはもめごとがありませんでした。『学校の中で喧嘩なんてとんでもない』という雰囲気。教育熱心なご家庭も多く、トラブルが生じる前に先生に相談して、先生がどうにかしてしまうという感じでした」

こんな環境では「メシが食える大人」には育たないだろうと考え、夫婦で高濱さんの講演を聴きに行った。高濱さんの肉声を聞いてますます確信は強まった。

しかしあいにく愛知には「花まる学習会」がなかった。「毎週東京まで通うので、入塾させてもらえないか」とお願いしたが、断られてしまった。「往復3時間以上も新幹線に乗っている時間があったらそのぶん外遊びをさせてください」と諭された。

いくら「花まる」が良いといっても、小学1年生が毎週新幹線に乗って通塾するというのはたしかに異常である。子ども本人のことを第一に考えてのアドバイスだ。「ファンになってくれるのはたいへん有り難いのですが、お母さん、ちょっと冷静になって考えてみてください」という気持ちが込められていたに違いない。

しかしゆみさんはあきらめなかった。再び高濱さんの講演会に参加した。こんどは帆乃花さんを連れて。

講演終了後、高濱さんに直談判した。小学1年生を愛知から通わせようとしていたあのお母さんだとわかって、高濱さんもさぞかしびっくりしたことだろう。ゆみさんは真剣に迫った。

「この子なんですけど、お願いします！」

高濱さんの答えは期待外れなほどにあっさりしていた。

「いいよ」
親子の真剣な表情を見て、瞬時に判断を翻《ひるがえ》したのだろう。「そこまでの覚悟があるのなら、やり方はあるはずだ。やりながら考えればいい」とでも思ったのかもしれない。

とはいえ、現実的には毎週通うのは難しいだろうとゆみさん自身も感じていた。夏休みなどに実施される野外体験「花まるキャンプ」に参加できるだけでもいいと思っていた。

しかし体験授業に参加してみると、帆乃花さんはあっという間に教室に溶け込んだ。

「もう、ものすごかったですよ。学校とは違う、生き生きとした表情をしていました。それを見た夫も驚いて、『こんなに楽しそうにしているなら、来週から通わせてみる？』と言ってくれました。それでまた翌週も授業に参加しました。そうしたら帆乃花自身が『来週もいい？』と聞きました。そして翌週も……と。結局毎週通うことになりました」

「何を教わるか」よりも「誰に教わるか」

小2に上がってからは、帆乃花さんは毎週土曜日に一人で新幹線に乗って花まる学習会に通った。台風で新幹線が止まってしまうこともあった。席がいっぱいでデッキの床に新聞紙を敷いて座ったこともある。

「いま思えば、そういう経験も帆乃花の肥やしになりました」

小4からは、帆乃花さん本人のたっての希望で「スーパー算数」という、高濱さんが直々に指導する授業にも参加するようになった。金曜日の放課後に教室まで通い、「スーパー算数」の授業を受け、土曜日には通常の「花まる学習会」の授業を受けて愛知に帰る日々。

だが、小5になると「スーパー算数」開催日が月曜日に変更されてしまった。それでもあきらめないのが飯嶋親子。月曜日の放課後に授業を受けたあと、夜行バスに乗れば早朝に帰宅できることを、帆乃花さん自身が調べた。試しに1度やってみると、翌日の小学校はしんどいけれど、できないことはないとわかった。それで毎週夜行バスを利用して、通い続けることを決めた。

「それも帆乃花にとってはものすごい自信になったみたいです。『スーパー算数』が月曜日になってしまったときには嫌がらせかと思いましたが、結果的にはそのことにも感謝です」

逆境をどうプラスに転じるか。そのことを親子で学んで成長できた。どんなお子さんでも、どんなご家庭でもできることではないとは思うが。

このとき、「スーパー算数」の授業は、実施日が金曜日から月曜日に変更になっただけでなく、担当講師も高濱さんと川島さんのダブル担当に変わった。イモニイを高濱さんに紹介した川島慶さんである。そして帆乃花さんにとっては、川島さんの授業が、高濱さんの授業に勝るとも劣らないほど楽しかった。

「もうこのころにはわかっていました。教育って、『何を教わるか』ではなく、『誰に教わるか』なんだと」

のちに川島さんが、飯嶋親子にイモニイを紹介してくれた。川島さんだって、生徒やその保護者を誰かれかまわず知り合いに紹介したりはしないだろう。高濱さんにイモニイを紹介したように、飯嶋親子をイモニイに紹介すればなんらかの化学反応が生じる予感があったに違いない。

ちなみにゆみさんは、夫が開業した歯科医院で歯科医として仕事をしている。もともと歯科医だったわけではない。夫を手伝うために30歳後半で歯科大学に通い始め、在学中に帆乃花さんを産み、小学校入学前に国家試験をパスした。

ゆみさんもただ者ではない。川島さんはきっとゆみさんにも自分たちと似た匂いを感じたのだろう。

結局6年間みっちり「花まる学習会」に通った。でも小学校を卒業したら、高濱さんとも川島さんともお別れだ。そんなの嫌だ。飯嶋親子はまただだをこねた。

「川島先生と井本先生に、中学生向けのクラスをつくってほしいとお願いしたんです。高濱先生にも私から直接話を通してしまって（笑）。そうしたら、ちょうどふたりも、いっしょに何かやりたいと考えていたらしいんです。私たちがせっついたことで、『じゃあ、やろう』ということになったそうです。ふたりともだらしないから、なかなか話が進まなかったんでしょう（笑）」

かくして、帆乃花さんの中学校進学と同時に「いもいも」が設立された。つまり、ゆみさんが、「いもいも」発足の陰の立て役者であったわけだ。

世界トップのエリート校をうならせる

帆乃花さんは、「花まる」以外でも積極的に自分の世界を広げていった。小1で「北海道スキーキャンプ」に一人で参加した。小3では「高濱先生の故郷を見てみたい」と一人で熊本へ旅をした。中学生になると、一人でベトナムに行き、「ベトちゃん&ドクちゃん」のドクちゃんに面会した。マレーシアの片田舎で子どもたちと触れ合うボランティアにも参加した。夏休みに「花まる学習会」の「カンボジアのサマースクール」に参加すると、カンボジアの村が気に入ってしまい、帰国して1週間後に単身で再度カンボジアに渡った。その後、その村がダムの決壊で大きな被害を受けたと聞くと、帆乃花さんは再び一人でカンボジアに行き、復興のお手伝いをした。などなど。

「小5のときに、イギリスとアメリカへの短期留学に行かせたこともあったのですが、そういう西洋的な文化にはまったく興味を示しませんでした。好奇心が強くて、行動力があるのはいいと思うのですが、偏った人間になってしまうのではないかと思って、何度も井本先生に相談しました。でもそのたびに『大丈夫だよ、この子は』と笑って返されるだけでした」

川島さんはかねがね、帆乃花さんに海外進学を勧めていた。ゆみさんも高校からは海外の学校への進学を選択肢に入れていた。「行かせるならアメリカかな」というイメージがあったが、あるとき川島さんからスイスのボーディングスクールについて知らされた。

「スイスって頭になかったんですが、調べてみたら、ちょうどスイスの複数のボーディングスクールが日本で合同説明会をやるというのを発見して、それを覗《のぞ》いてみることにしました」

帆乃花さん、中学2年生の秋のことである。

「『レザン・アメリカン・スクール』という学校のブースで、帆乃花がその学校の校長夫婦と意気投合してしまったんです。そこで校長がおもむろに『この問題を解いてごらん』と言って、紙の裏にパズルのような問題を描いてくれました。それがすぐに解けたんです。実は井本先生が授業で教えてくれた問題とそっくりそのままだったんです。すごくないですか？　それで、その場で、『入学金は要らないから、ぜひうちに来てください』と言われたんです」

イモニイが、スイスのボーディングスクールの入試問題を的中したのである。イモニイが「いもいも」で取り扱っている、学校の成績を上げるためではない問題が、グローバルな学力として認められているということでもある。

「早速井本先生にメールしました。そうしたら翌日に電話をくださって、『そんなチャンスはなかなかないから、行ったほうがいいよ。帆乃花だったらどこに行っても大丈夫だから』と背中を押してくれました」

入学までさまざまな準備や手続きをしなければならないので、現地の留学エージェントに協力をお願いすることにした。そのエージェントが、スイスのボーディングスクールの校長会で、帆乃花さんのことを話したところ、『エイグロン・カレッジ』というインターナショナルスクールも帆乃花さんに興味を示したと連絡があった。

そこで中3の夏休みに、2校のサマースクールに参加した。すると、エイグロンの授業が「花まる学習会」そのものだった。授業中に大きな声を出したり、ポイント制だったり、見せられた写真と同じ写真を撮ってくる課題だったり、パラパラ漫画の制作だったり、お片付け競争だったり……。

「私、エイグロンにする！」

スイスに興味をもつきっかけをくれたレザンには申し訳なかったが、即決だった。

しかしボーディングスクール選びはそれでも終わらなかった。

エイグロンのサマースクールに、「ル・ロゼ」という超有名ボーディングスクールのスタッフも視察に来ていた。そこで帆乃花さんに目を付け、「うちに来ないか」と連絡してきたのだ。

一通り話を聞いて、最終的に帆乃花さんはエイグロンを選んだ。しかし最終学年ではロぜに転校することを視野に入れている。

世界のエリートを知り尽くしたスイスのボーディングスクールの生徒募集担当が一様に「帆乃花さんをほしい！」と手を挙げているのである。

たいへん余計なことにはなるが、帆乃花さんは、日本の受験システムのなかで突出して高い偏差値をたたき出すような学力をもっているわけではない。いま、日本の受験至上主義的な学力観を変えなければいけないとさまざまなところで叫ばれているが、まさに、世界のエリート校は、日本の受験勉強の成果としての学力とはまったく違うところを見ているわけである。

そして、ゆみさんが帆乃花さんを育てるうえで大切にしていたことは、偏差値的な学力ではなく、生きていくうえでの土台、人間性であった。イモニイについていけば、自ずとそれを学べると信じて疑っていなかった。

イモニイの教育が、世界のトップエリート養成校のお眼鏡にもかなうことが証明された。

イモニイはグローバル人材かもしれない

帆乃花さんの巣立ちを前にしてゆみさんが言う。

「子育てに正解ってないじゃないですか。自分で考えて、行動して、責任がとれる。できればひとの役に立つ仕事をしてくれれば、それで大満足ですよね。いい学校に行っていい会社に入った子どもたちが本当に幸せになっているかというと、そうではなさそうに見えるケースも私のまわりで少なくないんです。井本先生から生きるうえでの土台となる人間性を学んでくれれば、授業の中身なんてどんなことをやってくれてもいいと、いまでは心の底から思っています」

親としての未熟さを痛感した経験があってこその、この達観である。ゆみさんも、もめごとを肥やしにして、親として成長したのだ。

2校のサマースクールから送られてきた「報告書」には、帆乃花さんへの評価として、いずれも「優しい、平等、あきらめない、ごまかさない」というようなことが書かれていた。たしかにイモニイの人間性に一致する。

エイグロンはいつでも帆乃花さんを教室に迎え入れる態勢でいる。しかし帆乃花さんが、『いもいも』を卒業するまでは」と、入学を待ってもらっている。エイグロンのスタッフは、「Mr. Imotoってそんなにすごいティーチャーなのか？」とイモニイにも興味を示しているそうだ。

「いもいも」とエイグロンの提携なんて話が、将来的にはあるかもしれない。冗談ではなく、本当に。

インタビューのあと、ゆみさんは私にメールをくれた。


「花まる」と出逢えて、高濱先生、井本先生、川島先生方と出逢えて、帆乃花はもちろんですが、私自身の人生が変わったと言っても過言ではありません。人間とは何か、人生とは何か、いかに生きていくか……。すべて井本先生の存在が答えを出してくださっています。良い先生と出逢えたことは、これ以上ない幸せです。

帆乃花も、スイスで頑張れば、少しは恩返しができるのではないかといつも言っています。学校を決めるときも、花まる学習会や井本先生とつなげることができそうか、相性を考えてのことでした。

帆乃花に対しては、いつも3つのことを伝えて育ててきました。

1　自分が良いと思ったことは、たとえまわりのひと全員が反対したとしても、貫きなさい（お父さんとお母さんはいつでも味方だから）。

2　この世は行動の星だから、動かなければ何も変わらない。みな平等にやってくるチャンスもじっとしていたらつかむことはできないよ。

3　いつでも絶対に神様は見ているから。

でももう1つ、「井本先生が反対したら、やめておきなさい」を付け加えたほうがいいかもしれないですね（笑）。

毎日を楽しく、ひとのために生きていってくれたら、自ずと必要とされる人間になるはず。そうすれば、親として言うことはありません。

日本の教育改革の「坂本龍馬」!?

川島慶さんは、1997年に栄光学園中学校に入学。中学1年生のときの幾何の担当がイモニイだった。イモニイが教員7年目で初めて中1を担当し、授業のスタイルを思考力重視に振り切ろうと決めた年だったことは、第1章で述べた通り。

第一印象は「すげー面白そうな先生」。

川島さんは数学が好きだっただけでなく、サッカー部のキャプテンをしていたこともあり、イモニイになついていた。高校生になると「師弟」というよりは「友達」のような関係になっていた。

栄光学園卒業後、東大工学部に進学。大学3年生のとき、算数の問題をつくるアルバイトを見つけた。「これなら得意かも！」と思って、早速応募した。それが「花まる学習会」。運命の出会いだった。

そのときのことを高濱さんはこう証言する。

「広告を出して最初に来てくれたのが川島でした。問題をつくらせてみたらびっくり。こりゃまたすげーやつが来ちゃったなと思いましたよ」

大学院に行っても、アルバイトを続けた。ときどきイモニイに連絡をとって、自分がつくった算数パズルの問題を見てもらっていた。

「井本先生は、私を栄光学園の数学の教員にしたかったようなんです。でも、当時の僕は、テレビ局とかに興味があって、聞き流していました（笑）。逆に、僕がイモニイに高濱さんを紹介しようとしても、『へー』と言うだけで聞き流されていました。イモニイも他人の教育にはあんまり興味をもっていなかったんですね、特に当時は」

大学院2年目の秋、川島さんは深夜12時近い時間に突然イモニイを大船駅に呼び出した。イモニイは当時を振り返る。

「非常識な時間に呼び出されたから、何事かと思ったら、高濱さんに会わせたいと。それだけの用件だったんですよ。それまでは適当に受け流していたのですが、これは逃げられないと思って、予定を入れました。それほどまでに川島は、僕たちを引き合わせなきゃいけないと思っていてくれたんですね」

もともと興味はなかったが、イモニイもネットで高濱さんについて調べてみた。高濱さんがつくった算数パズルの問題を見たときに、全身に衝撃が走った。

「これだ！」

川島さんが執拗《しつよう》に高濱さんを紹介しようとした意図が瞬時に読み取れた。

そのときの気持ちを川島さんは次のように語る。

「3人で食事をしたら、その時間が楽しくて、幸せすぎて。明治以来続いていた、一人の先生による黒板を使った一斉指導がまもなく変わる兆しを明確に感じました。『このふたりが先陣を切っていくだろう。自分もそこに加わりたい！』という思いが高まり、もうどうしようもなくわくわくしてきてしまって、翌日、内定をもらっていたＩＴ企業に内定辞退の連絡をして、『花まる学習会』に就職することに決めました」

自分が画策した出会いによって生じた化学反応的爆発に、川島さん自身が巻き込まれた。この出会いが、文字通り「ビッグバン」だった。川島さんはのちのち、日本の教育改革における「坂本龍馬」と称されるようになるかもしれない。

世界が認める教育アプリ誕生

2011年に「花まる学習会」入社。花まるでは社長を筆頭に全社員が現場で教える。川島さんも授業を担当しながら、新しい教材コンテンツを試験的につくるプロジェクトにも取り組ませてもらった。1年目から大きな仕事を任され、わくわくの連続だった。そのわくわくを共有するために、3日に1度はイモニイに電話した。

そこでイモニイがひらめく。

「児童養護施設の子どもたちに、川島がつくった教材をやらせてみようか」

実際に試してみると、手応えを感じた。文字を減らすなど、よりシンプルな形になるようにチューニングをした。

「これ、海外でもいけるんじゃない?」

イモニイが通うフィリピンのほか、カンボジア、ラオス、モンゴルの子どもたちにもやってもらった。大ウケだった。

「栄光学園で身に付けたMen for othersの精神が根底にありました。自分自身は栄光学園という恵まれた環境で教育を受けることができたし、いまやっている仕事も『花まる学習会』という塾に通えるお子さんたちを相手にしています。花まる学習会の授業が心から賛同できるものだったので、教室に通えないような子たちにもサービスを届けたいと思うようになりました。花まる学習会自体、将来的には公教育に関わるつもりで事業を拡大してきて、現在では実際に関わっていますが、イモニイが20年来通っている児童養護施設の子どもたちのことも、私の頭には浮かんだんです。花まる学習会に通わなくても彼らが同じような勉強をできる環境をつくれないかと強く思いました」

２０１４年には、デジタルアプリ事業が「花まるラボ」として分社化され、川島さんは代表取締役社長に就任した。

「その結実が、『Ｔｈｉｎｋ！ Ｔｈｉｎｋ！（シンクシンク）』です」

「Ｔｈｉｎｋ！ Ｔｈｉｎｋ！」とは、ゲーム形式の「思考センス育成教材」アプリ。対象年齢は一応5～10歳。どんな学力の子どもでも楽しく遊びながらいつの間にか思考力を伸ばせる。カンボジアの教育省の全面的な協力を得て１５００人規模で行われた調査結果では、３カ月で偏差値にして6～7、学力試験の成績やＩＱテストの結果が向上するというエビデンスも得られている。

iPhone版とAndroid版の両方が、子ども向け無料アプリのなかで、ダウンロード数No．1を獲得した。2017年度のGoogle Play「ファミリー部門賞」、2018年には「グローバル・エドテック（教育技術）」のスタートアップアワードも受賞した。学習系の世界的おばけアプリである。

「Think! Think!」の開発者は川島さんであるが、その大元をたどれば、イモニイの数学にまで行き着くということになる。

「深く深く考えることの楽しさを、中学生時代に、先生とのかかわりにおいて知ることができました。また、先生の授業は、日々生徒とともに教材が更新されていくものでした。それは、Think! Think! をブラッシュアップさせていくうえで大いに生かされています。授業で子どもと接しながら教材を更新していこうと思えたこと。研究授業を開こうという着想にいたれたこと。やることをカチっと決めず、子どもがより躍動するようにするにはどうすればよいかだけを考え、教える自分も数カ月先がわからないくらい、子どもも中心でコンテンツをつくれたこと。これらはすべて井本先生のおかげです」

イモニイも、川島さんのことを次のように評する。

「僕も子どもたちを夢中にさせる数学の問題をつくるのは得意です。でも川島はそのレベルが違う。発想がものすごく飛んでるんですよ。どういう頭の使い方をしているのか、僕にもちょっとわからない。川島にはかなわない」

〝もどかしさ〟が「いもいも」誕生のきっかけ

一方で、川島さんは常にもどかしさを感じていた。

「井本先生の教材は本当にすばらしいと思うんです。でも、学校の先生たちの前で講演をすると、『でもそれって栄光学園の優秀な生徒たちだから通用するんじゃないですか？』というようなことを言われることも多かったんです」

それが悔しかった。

「井本先生は、どんな子どもを前にしても必ずその子たちにあった形に教材をアレンジして使うことができると僕は確信していました。井本先生自身も、栄光以外で自分のやり方が本当に通用するかを確かめてみたいという気持ちがあっただろうし、栄光のためだけでなくもっと多くのひとたちに貢献したいという気持ちもふくらんできていたようなんです」

イモニイが「そんな機会ないかなあ」とつぶやくのを聞いて、「花まる学習会」を修了した中学生を対象に、小さなクラスを設けてみましょうかと、川島さんは提案した。それが「いもいも」につながっていく。

2016年に「花まるラボ」の事業の一環として「いもいも」が始まった。当時は名前すら付いていなかったのだが。

「先生にはできる限り好き勝手やってほしいと思っています」

中学生時代に深く深く考えることの大切さと楽しさを教えてくれたイモニイに、川島さんが大きな恩返しをした形だ。

「井本先生は、自分が有名になるとか、ビジネスとして成功するとか、そういうことにはいっさい興味がなくて、縁あって出会った目の前の子どもたちをプルッとさせるとか感動させるとか、そのことだけに振り切れるひとなんです。そんなひとには、井本先生以外、会ったことがありません。フィリピンでは、カトリックの神父さんたちですら、井本先生の聖人ぶりに驚いていました（笑）」

うっとりとそう言う川島さんの表情から、イモニイへの無上の尊敬の念が伝わってくる。

「いうならば井本先生は『コミカルな聖人』です。考えていることとやっていることは間違いなく聖人レベルの清らかさなんですが、変なところで頑固だったり、抜けているところがあったり、ツッコミどころ満載なんですよ」

第4章

ジャッキー・チャン参上

20年以上続けている学習支援

午後6時、神奈川県の私鉄某駅の改札で、栄光学園の生徒たちと待ち合わせした。生徒たちは14人。児童養護施設に向かう彼らに付いていく。そこには、経済的あるいは虐待などの理由によって親といっしょに暮らせない子どもたちが暮らしている。

晩秋の風が冷たい。徒歩約10分、緑に囲まれた施設に着くころにはあたりはうす暗くなっていた。イモニイは車で直接施設にやってきた。

彼らは毎週金曜日の夜、この施設で学習支援を行っている。イモニイがこの活動に関わるようになってから、もう20年以上が経つ。栄光学園の先輩教員がしていた活動を引き継いだものだ。

施設の食堂が「教室」になる。小学生1人に栄光生1〜2人が付く。学校の宿題がある子はそれを優先的にやる。そうでない子は、栄光生たちが持参した教材プリントに挑戦する。計算や漢字のドリルなど「作業」になってしまうものではなく、パズル形式で思考力を試すものや、記憶力を試すものが多い。

この日集まった子どもたちは9人。予定よりもやや少なかった。

「ごはんを残してしまったり、施設としての約束が守れなかったりすると、この学習会に出られないなどのルールがあるんですよ。今日どんなことがあったのかは僕らは知らないのですが」

イモニイが教えてくれた。

毎週、施設から参加予定人数を聞き、その人数に応じてその都度イモニイが栄光学園で参加者を募る。定員オーバーで参加を断る場合もある。毎週参加する生徒もいれば、参加できるときに顔を出す生徒もいる。

「昔は子どもたちへの接し方を事前に細かくアドバイスしていましたが、いまはしていません。先輩たちの接し方を見て、新米の生徒も上手に対応してくれています。今日は初めての生徒も多いので、先輩とチームを組んでもらうようにしています」

どの小学生にどの栄光生を付けるかは、リーダーの高校3年生が中心になって決めていた。この活動に4年間関わっているベテランだ。

施設の子どもたちが抱えるナイーブさ

まず男の子たちが数人、食堂にやってきた。すぐには机に座ろうとせず、お兄さんたちと遊ぼうとする。それをうまく受け止めながら、なんとか机に誘導する。なかなかプリントに取りかかろうとしないで、お兄さんたちを困らせる子どももなかにはいる。遅れて女の子たちもやってきて、お兄さんたちと賑やかに話しながら勉強を始める。

学校の授業に付いていけず、特別支援を受けている生徒も少なくない。集中力が続かない子どもの扱いに四苦八苦する場面も。床の上に大の字になってしまったり、机の下に隠れてしまったりする子どもたちに、お兄さんたちも手を焼く。

「ちょっと間違ってしまうだけでもやりたくなくなってしまう子が多いのは事実ですね」

以前この教室で、「いもいも」でおなじみのカプラで共同作業する課題を与えたところ、いきなりカプラの取り合い、奪い合いが始まってしまったという。

「ほかではなかなかあり得ない光景で、僕もちょっとびっくりしました」

とってつけたような解釈になってしまうが、それだけ不安や恐怖が強く出やすい子どもたちなのだという見立てができる。不安や恐怖を感じるポイントがむき出しになっており、ちょっとした刺激にも過敏に反応してしまうのかもしれない。自分たちのナイーブさと必死に戦っているようにも見える。

栄光のお兄さんたちも、ときどきイラッとした表情を浮かべることもなくはないが、グッとこらえて優しい声がけを続ける。決して声を荒げることのないイモニイの流儀が、教え子たちにも染みついているのであろう。

「元来子どもたちは、ダメなところを直視させられることを嫌いますが、ここの子どもたちは特にその傾向が強い。だから、ただ上から目線で教えるのではなく、気付かれないようにヒントを与えるなどのテクニックが必要です。その点、生徒たちは、下手な大人よりも上手に子どもに対応していると思いますよ」

逸脱行動にも否定語は使わない

プリントにまじめに取り組まず、ふざけた解答を書こうとする元気のいい女の子の横で、お兄さんがたじたじになっている。「え、それ、違うじゃん……」。そう言いかけたとき、そこを通りかかったイモニイが「ああ、それもアイディアの一つだよね」と女の子に微笑みかける。「承認」である。それを見て、お兄さんも、女の子のおふざけを見守ることにした。

するとと女の子は「この前学校のテストが80点だったから破って捨てちゃった！」と話し出した。となりでちょっとびっくりするお兄さん。しかしイモニイは「80点ならいいじゃん。破っちゃったらもったいなくない？」と受け答えする。と、女の子は待ってましたとばかりに「だってその前は100点だったんだもん！」と言って笑った。それを言いたかったのだ。

「さすがじゃん！　○○のこの前のテストよりいいよ」と、そのお兄さんの中間テストの点数を引き合いに出してイモニイも笑う。すると「うん、僕、数学76点だった。負けた（笑）」とお兄さんも応じる。女の子もうれしそうに笑う。

別の机では、タブレットで「Ｔｈｉｎｋ！ Ｔｈｉｎｋ！」に取り組む男の子の姿があった。最初に教室にやってきて、なかなか机に座ろうとしなかった男の子だ。プリントにやる気は出ないが、ゲーム形式のアプリには夢中になれるらしい。さきほどまでとは違う、真剣な表情で取り組んでいる。しかし突然キレて暴れ出した。

ゲームの途中で失敗すると、そこでリセットを押してしまう。ミスを乗り越えて続けることができない。しかし順番を待っているほかの子どもがいる。とうとうお兄さんに端末を取り上げられてしまったのだ。暴れる男の子をなんとかなだめようとする栄光生の姿は、まるで初めての子育てに戸惑う新米パパのよう。その様子を見守るイモニイが言う。

「ここの子どもたちにとってこの時間は、誰かを独占できる貴重な時間なんだと思います。勉強を教えるというよりも、そういう意味合いが強いと思います。小さいころからこの施設で育って、施設の職員さんたちは常に近くにいますけれど、一般的なご家庭のお子さんが両親から得ている安心感を、彼らはなかなか得られない。それで何事にも臆病で、傷つきやすくなっている。ここでの経験が、僕の教育観に大きな影響を与えていると思います」

栄光学園に来るような子どもの多くは家庭環境に恵まれており、心の余裕があるから、少々のことではへこたれない。施設の子どもたちには心の余裕がないだけだ。それだけで、学びに対する態度がこんなにも変わってしまうことを、イモニイは肌身で知っている。だから、施設の教室でも、栄光学園の教室でも、そして「いもいも」でも、子どもを否定するような発言はいっさいしない。意図的に何かを引き出そうとすることすらしない。ただありのままの子どもの姿を「承認」することが、子どもたちの学びの意欲をもっとも活発にするのだと確信している。

好きなことをして自由に生きている先生

約1時間の「お勉強」が終わり、子どもたちが自分の部屋に帰っていく。それまでプリントをやりたくないとだだをこねていたわりには、別れを惜しむかのように、なかなか帰ろうとしない。

リーダーの高校3年生が苦笑いしながらイモニイに訴える。

「どのプリントを奨《すす》めてもやりたくないと言うから、『何だったらやってもいい？』と聞いたら、九九ならやってもいいと言ってくれたので、今日は九九をやったんですけど、それでも30分しかもちませんでした。あの子は30分が限度ですね」

するとすかさず「栄光生だってそんなもんだぞ！」とイモニイ。「そっか！」とリーダー。

真っ暗になった道を駅まで戻る栄光生たちに聞いた。

「どういうモチベーションでやっているの？」

「純粋に楽しいからですかね」

「どういうところが楽しいの？」

「子どもたちがなついてくれて、喜んでくれるというか、つながりが感じられるというか」

「部活とか行事で友達とつながる感覚とはまた違うのかな？」

「そうですね。もともと子どもが好きというのもあるんでしょうかね」

「イモニイはどんな先生？」

「うーん、面白いひとですよね」

「何が面白いの？」

「好きなことをして、自由に生きている感じがします」

リーダーの高校3年生にも聞いた。

「もうすぐ大学受験でしょ？」

「はい、自分の受験勉強はダメダメなんですけど、この活動はなかなか離れられなくて(笑)」

彼が、受験勉強よりも大切なことを学んでいることは間違いない。そして彼は、大学受験においても、しっかりと帳尻を合わせてくる。そんな気がする。

駅前で、高校生たちと別れた。みんなでラーメンを食べてから帰るとのこと。暗がりに消えていく彼らの後ろ姿が頼もしかった。

Men for others, with others.（他者のために、他者とともに生きる）

栄光学園の校訓である。

学校の長期休暇のたびにセブ島に通う

むわっ。全身を生温かい湿気が包む。冬の東京の空気との違いに、しばし細胞が戸惑うのがわかる。フィリピンのセブ島に降り立った私たち4人は、タクシーでセブシティのホテルを目指した。午後7時をまわっていた。

イモニイはセブ島での教育支援活動を6年以上前から続けている。学校の長期休暇中にはほぼ毎回渡航し、児童養護施設や貧困地域の小学校で教える。

毎回、イモニイを慕《した》う誰かが同行する。栄光の卒業生であったり、教師仲間であったりする。今回は、「いもいも」のスタッフでもある飯塚直輝さんと久富耕輔さんがいっしょだ。

この2人も相当に変わり者の教師たちであることは第3章で述べた通り。

栄光学園はセブ島の「セイクリッドハート・アテネオ・ド・セブ」というセブ随一の名門私立学校と姉妹校関係にある。生徒交流に引率したことが、イモニイがセブ島に通うきっかけだった。それだけであれば、よくあるエリート校同士の国際交流でしかない。しかしそこからイモニイはいくつかの児童養護施設や貧困支援プログラムに関わるようになり、そのうち現地の小学校に飛び込みで訪れていきなり授業をやらせてもらうなどして、現地の人々との関係を築いてきた。

今回は「SOS チルドレンズ・ビレッジ」と「マーシー・ビレッジ」という児童養護施設、「クバクブ」と「マギカイ」という2つの小学校、そして「ガワッド・カリンガ（GK）」というコミュニティーを訪問した。

イモニイはどこにいっても人気者だ。子どもたちはイモニイの顔を見ると「ジャッキー・チャン！」と叫びながら集まってくる。覚えやすいように、こちらでは「ジャッキー・チャン」と名乗っている。最も頻繁に通っているSOSでは、集まってくる子ども一人一人の名前をちゃんと覚えていて、「おい、もうオレより背が高くなっちゃったじゃん！」などと、親戚のおじちゃんのように話している。

セブの児童養護施設は、ＳＯＳにしろマーシー・ビレッジにしろ、敷地が広い。ＳＯＳは一見、ヴィラ形式のリゾート村のよう。マーシー・ビレッジは日本によくあるキャンプ場のよう。そこで畑を耕し、家畜を飼い、できるだけ自給自足で生活している。おかしな話だが、訪れると、「ああ、自然豊かでいい環境だなあ。こんなところで暮らせたらいいなあ」と思わず羨《うらや》ましくなってしまうのである。

ＧＫは、貧困地域の人々に簡易な家を提供し、コミュニティーを形成し、貧困状態からの脱出を支援するというプロジェクトだ。日本にもかつてあった、下町の長屋暮らしに近い環境。路地は狭く、汚水が垂れ流しになっていたり、ニワトリやヤギ、野良犬などがうろついていて、決して衛生的といえる環境ではないが、それでも各家庭にはテレビも扇風機もある。大人たちはそれぞれに職を見つけ、経済的に自立しようとしている。

また、今回訪れた２つの小学校は、比較的貧しい地域にある公立の小学校だ。給食だけが１日の食事の機会という子どもたちもいる。

しかしいずれの小学校にも、校門近くに駄菓子屋さんや簡易な食堂、かき氷を売る屋台などがあって、賑やか。休み時間に学校の柵の隙間から手を出して、屋台のおばさんから駄菓子を買う子どもたちもいる。「毎日買えるわけではない」とは言うが、買い食いしながら下校するのが日常風景のようである。

日本の小学校よりも自由でおおらかで、それがまた羨ましく見えてしまう。日本の一般的な家庭と比べれば、経済的には明らかに「貧しい」はずなのだが、彼らの生活からは「貧しさ」は感じられない。表情が「豊か」だからだ。

どうやったらそんなに幸せそうに笑えるのか、日本の子どもたちに教えてほしいと思ってしまう……。いや、違う。教えてもらうべきは子どもたちではない。大人たちである。

なぜ物質的には豊かであるはずの日本の子どもたちが、決して物質的に恵まれているわけではないセブの子どもたちよりも、浮かない顔をしているのか。責任は大人の側にある。

考えることが楽しくなってしまう体験

マーシー・ビレッジ、クバクブ小学校、マギカイ小学校の3カ所で授業を行った。授業といっても、計算ドリルをやったり数学的な技能を教えたりするのではない。その代わりに、イモニイは、ロシアの科学者が考えた「ボンガードパズル」と大量のコピー用紙の裏紙を日本から持ってきていた。

ボンガードパズルとは、左右に分類された図形に法則性を見いだし、左右の違いを言い当てるというシンプルなルールの思考力パズル。シンプルながら、答えがわかったときの爽快感がたまらない。幼児から大人まで誰でも楽しめる。言語も文化も関係ない。

たとえば最も簡単なレベルのこの問題（図10）。

「正解」は、「左側はすべて三角形で、右側はすべて四角形」である。

次はやや難しい問題に挑戦してみてほしい（図11）。

「正解」は、「左は点の集合が2つずつ

図10

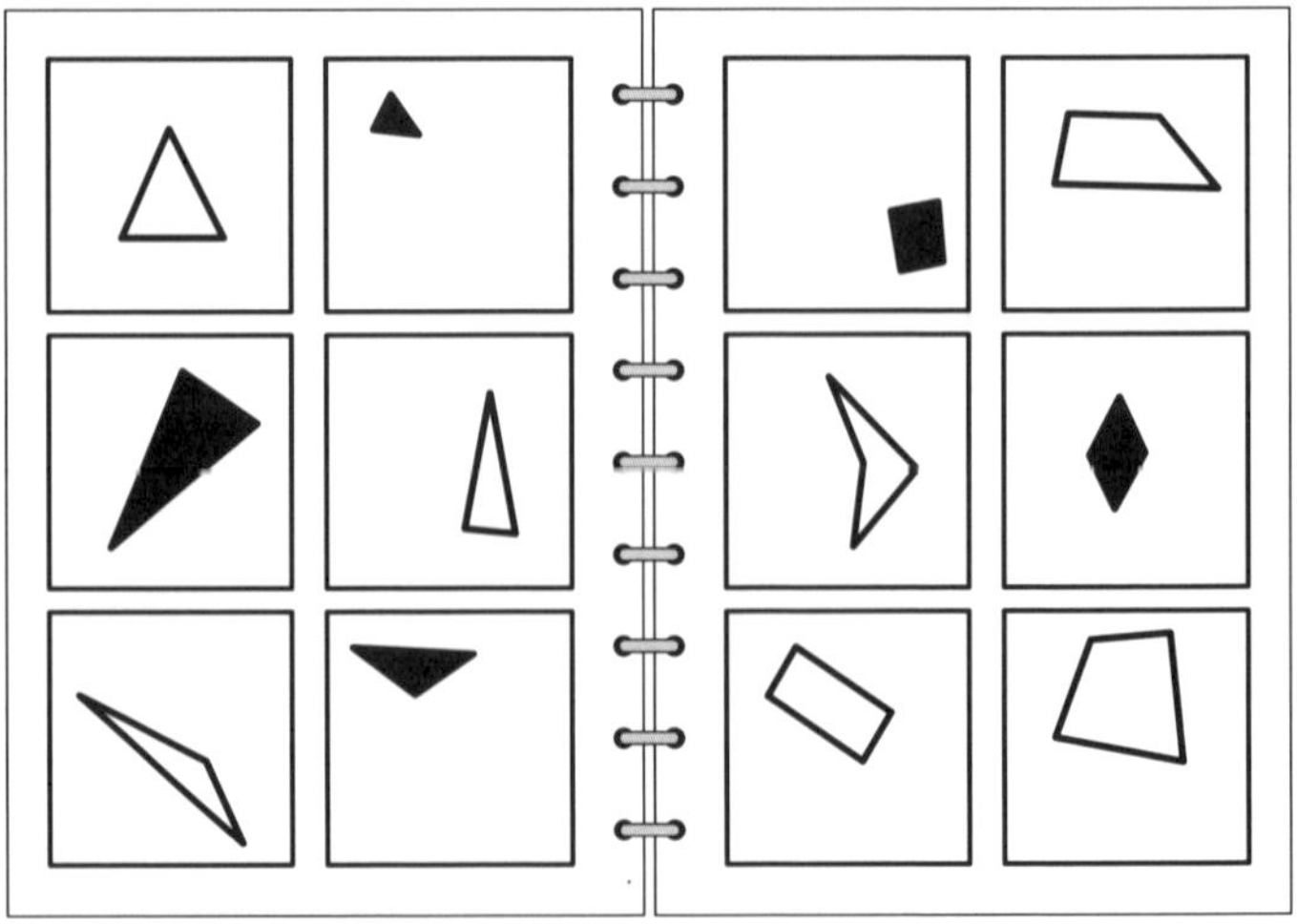

問題サンプルはhttp://www.foundalis.com/res/diss_research.htmlより抜粋（他同）

グループになっているが、右は点の集合が3つずつのグループになっている」である。

小学校では、私たちが想定していなかった珍解答が飛び出した。次の問題を見てほしい（図12）。

「正解」は、「左側の図はすべて三角形が弧の内側にあるが、右側は外側」だが、「左側は幸せそう、右側は悲しそう」と答えた生徒が多数いたのだ。「なるほどねぇ。この感性、面白いね」と私たちは顔を見合わせた。

「いもいも」で定番の「ことばでおえかき」もやった。このゲームはどこでやっても熱狂的盛り上がりになる。大

図11

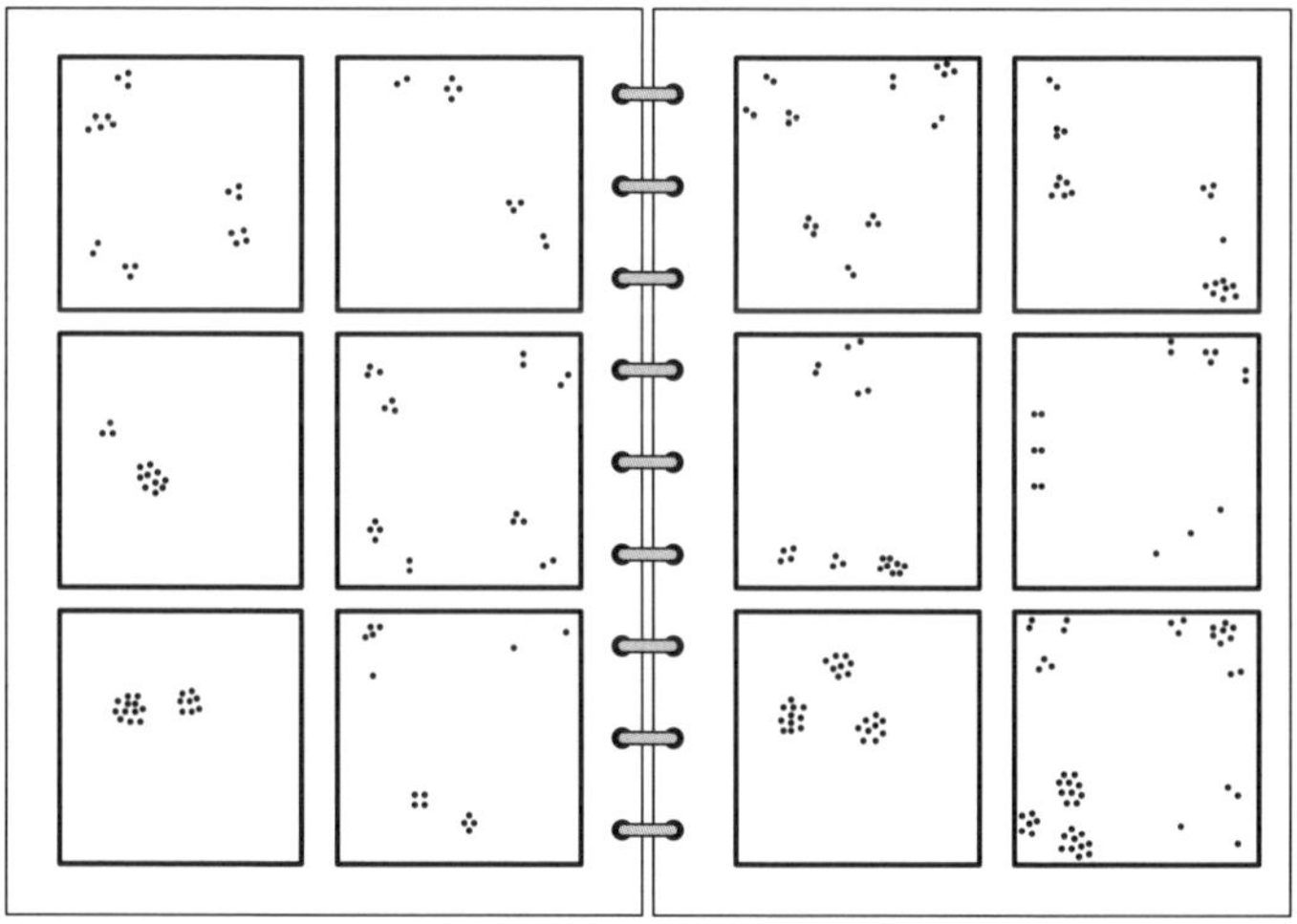

量のコピー用紙の裏紙は、「タワーをつくる」というアクティビティに使った。A4サイズのコピー用紙だけで、できるだけ高いタワーをつくるというミッションだ。上手なグループは教室の床から天井にまで届きそうな高いタワーをつくった。

これがイモニイの「授業」である。何かを教えたわけじゃない。ただ、考えることが楽しくなってしまう体験を提供しているのだ。

「じっくり時間をかけて考えて、自分のやりたいようにやってみて、できたとき、子どもたちは一気に伸びるんですよ」

図12

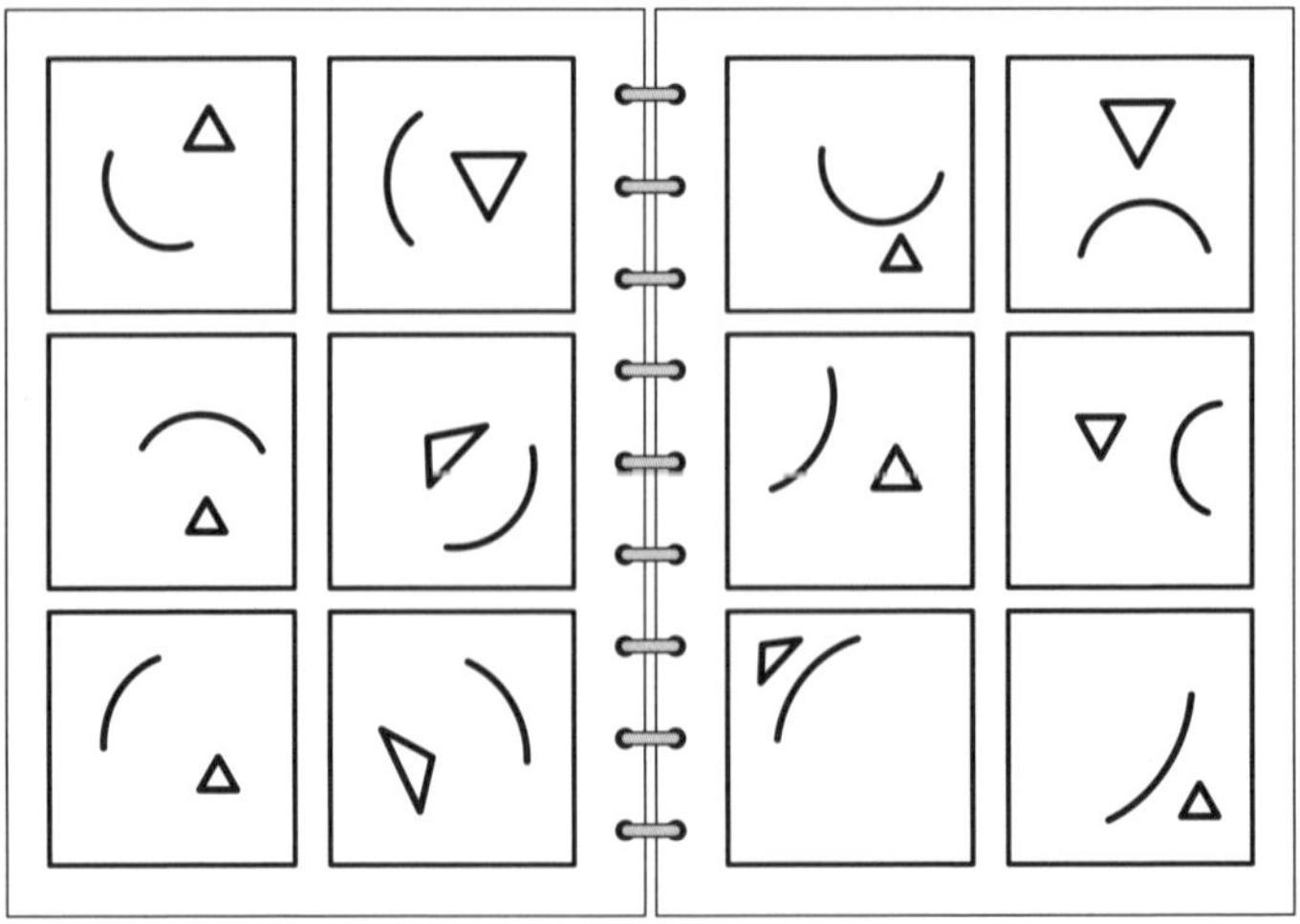

ここでの「伸びる」とは、思考するための「エンジン」の馬力が増すみたいなニュアンスだ。イモニイはときどきセブにやって来て、子どもたちを夢中にして、エンジンをめいっぱいふかして帰っていく。

31年間で41人の子どもを育てた「偉大なる母」

今回のセブ滞在でもっとも印象的だった時間が、ＳＯＳでの「家族」団らんだ。

ＳＯＳは、国際的な組織が運営する児童養護施設。さまざまな理由で親といっしょに暮らせない子どもたちが保護され、いっしょに生活する。

日本の児童養護施設とは印象がだいぶ違う。広い敷地内には、南国の草花があふれている。バナナやパパイヤの木もいたるところに生えている。そんなリゾート地のような環境のなかに、12の平屋が軒を連ねている。その平屋を「ハウス」と呼ぶ。それぞれの「ハウス」に「家族」が暮らしている。

1つのハウスに1人の「ナナイ（母親）」がいて、幼児から高校生くらいまでの子どもたち7～8人を育てる。ときどき兄弟姉妹で連れてこられる子どもたちもいるが、基本的にはみな血のつながらない「家族」である。

ナナイは一生をこのハウスでの生活に捧げることを約束している。ハウスが「自宅」であり、結婚もしない。完全に「母親」なのである。老いて引退すると、近くにある「リタイヤメントハウス」で余生を過ごす。

イモニイは、セブに来るたびにSOSの「ハウス・イレブン（11番目の家）」に必ず立ち寄る。そこを「第二の実家」と呼ぶ。ハウス・イレブンのナナイであるディティーさんも、イモニイのことを「わが子」と呼ぶ。

今回、飯塚さん、久富さん、そして私もハウス・イレブンにお邪魔した。そこでナナイが用意してくれた文字通りの「ご馳走《ちそう》」を、おなかいっぱいいただいた。田舎のおばあちゃんのうちにやってきて、「ほら、遠くから来て、おなかすいたでしょ。田舎の食べ物しかないけれど、たくさん召し上がりなさい。ゆっくりしておいき」と言われているような、ほっこりした気分になる。

壁にはハウス・イレブンを巣立っていった子どもたちの写真が飾られている。生活費は、子ども1人につき1日50ペソ（約100円）。その「家計」のなかでやりくりし、ナナイはハウス・イレブンで、31年間にわたって41人の子どもたちを育て上げてきた。

この日はイモニイに会うために、すでに自立して暮らすマージョリーも「実家」に遊びに来ている。ナナイのご馳走に負けじと、あま〜いラザニアとケーキを焼いてくれた。

マージョリーはとにかく明るい。常に冗談を言って踊って、みんなを笑わせる。調子に乗りすぎるマージョリーを見て、ナナイはときどき「いいかげんになさい」というような表情をするが、そのすぐ次の瞬間には思わずほほをゆるめている。マージョリーは生まれてすぐ病いにかかり、親が養育をあきらめてしまい、死ぬ寸前だったところを保護され、ナナイに育てられた。

マージョリーは、ナナイと、ハウス・イレブンと、自分の人生に誇りを抱いている。胸を張ってこう言う。

「ナナイは厳しかったわ。でもそれは、私たちのことを思ってくれているからだということが痛いほどわかっていた。だから私はナナイの言うことをちゃんと守って、ちゃんと勉強して、大学まで行って、幼稚園の先生になることができた。お金を貯めて、いずれ海外で働きたいと思ってるのよ。でもナナイが『まだ早い』と言って、許してくれないの（笑）。ナナイのおかげで、ハウス・イレブンの子どもたちはみんな立派に育って、みんな成功しているわ」
マージョリーの話から、「経済的に自立して、人生を前向きに生きることができているのなら、人生は成功だ」というシンプルな原則が見えてくる。大学までしっかり勉強することは大事だが、どこの大学を出たとか、どんな職業に就いているかとかはどうでもいい。ナナイはそんなことを子どもたちに求めなかった。

みんながしんみりしていると、マージョリーは「弟」のラスティーに話題をふる。
「私は『大学を出るまでは異性にうつつを抜かすことなく勉強しなさい』とナナイに言われて、それを守って生きてきた。それなのに、ラスティーは、いまカノジョのことばっかり。早く別れなさい！」とわざと大げさにプンプンしてみせる。

いつもマージョリーからおもちゃのようにいじられるモレスくん、さりげない気遣いのできる心優しいジョエルくん、寡黙な二枚目のルイージくんも、私たちとともに食卓を囲んだ。

男の子たちに聞いた。「みんな幸せ？」。全員が「ＹＥＳ」と即答する。続けざまに「なんで？　どんなときに幸せだと思うの？」と理由を尋ねると、みんなはキョトンとした。質問が意味を成さないのだろう。理由なんてないのだ。

おそらく彼らは「〜だから幸せ」「〜を持っているから幸せ」という「条件付きの幸せ」を感じているのではなく、いまある人生そのものに「無条件の幸せ」を感じている。それ以上の幸せがあるだろうか。子どもたちにそう思ってもらえるのなら、子育ては大成功であろう。

食卓が温かかった。どこからどう見ても、本当の家族だ。本当の家族のように見えるんじゃない。本当に疑いなく本当の家族なのだ。

「理想の家族」といってもいい。まるでどこか懐かしいホームドラマを見ているよう。「こんな温かい家庭を築けたら幸せだよな」と、おそらく誰もが思う食卓の風景なのだ。「かわいそう」とか「貧しい」とか「悲しい」とかいう言葉を寄せ付けない強力なオーラが、ハウス・イレブンを包んでいた。

そのオーラの発生源が、ナナイであることは間違いなかった。

ナナイが明かす「子育て」の真髄

ナナイは物静か。眼差しは菩薩《ぼさつ》のよう。子どもたちのはじけるような笑顔に応じてときどき見せる微笑みが、じわりと温かい。日本の昭和の母親と父親の両方の風格を兼ね備えたような佇《たたず》まいである。ときどき鋭い視線で、しかしとても静かな声で、子どもたちを注意する。

「モレス、なんでご飯を食べないの。ハウス・イレブンではダイエットは禁止でしょ。もっと食べなさい。アイ・ラブ・ユー」

すると年頃の子どもも、言われた通り、食べる。

子どもたちがナナイの昔話を始めると、いっしょに笑って、最後に一言。

「アイ・ラブ・ユー」

マージョリーが茶化すように言う。

「ナナイは、アイ・ラブ・ユーが口癖だから（笑）」

それを聞いたナナイが微笑む。

「アイ・ラブ・ユー」

取材活動のなかで、私が卓越した教育者に出会ったときに共通して感じるのと同じ、悲痛なほどの「覚悟」が、彼女の全身からビリビリと伝わってくる。私は完全に心を打たれていた。

実はナナイ、大病を患《わずら》っている。パーキンソン病。脳の異常のため、少しずつ体が思うように動かせなくなる病いだ。日本では難病指定されている。2018年に病気がわかり、ナナイを引退することになった。今回イモニイのために、ハウス・イレブンの家族が集合したが、実は、すでにハウス・イレブンは解散し、別のハウスでバラバラに暮らしている。ナナイは早期退職手続きをとり、リタイヤメントハウスで暮らすことになっている。

2019年の末には60歳を迎える。みんなで盛大にお祝いをするから、私たちにも来てほしいとマージョリーが訴える。私は日本の「還暦」のしきたりをみんなに教えた。「日本では60歳で人生が一周して、赤ちゃんに戻るといわれています。だから真っ赤な服を着て、みんなでお祝いするんです」。面白い風習だと、ナナイもマージョリーも喜んでいた。

「そうか！　ナナイの面倒を私たちが見る番ということね。まかしといて！」

さすがマージョリー、理解が早い。

東大に子どもを何人入れようが、オリンピック選手を育てようが、その家でどのような子育てをしていたかということには私は興味がない。よその家庭でまねたって、同じ「成果」が得られるわけがないからだ。

しかしいま、31年間にわたって女手一つで41人の子どもたちを育てた「偉大なる母」が目の前にいる。彼女に育てられた子どもたちの個性はそれぞれだし、社会での活躍の仕方もそれぞれだが、血のつながった兄弟姉妹以上に共通した雰囲気をもっている。明るさ、優しさ、まじめさ、前向きさのようなものだ。

彼女の「母親」としての姿勢には、普遍性があるように思われた。私は普段の取材ではしない質問をした。

「ハウス・イレブンの子どもたちはみんな、とびきりいい子です。あなたは30年以上にわたって、こんな素敵な子どもたちを41人も育ててきました。驚くべきことです。どうしたらこんな子どもたちが育つんですか？　子育てで最も大事なことは何ですか？」

ナナイは私をまっすぐ見据えてまずこう言った。

「Love and care（愛して、心をかける）」

わずかな迷いやためらいもなく続ける。

「Take care of the children with love. Unconditional love. Try to understand them with care. Sacrifice myself to the children.（愛をもって子どもたちと関わる。それも無条件の愛で。深く彼らを理解しようとする。子どもたちにすべてを捧げるつもりで）」

ナナイの静かな声に、ときおりマージョリーのおしゃべりがかぶり、部分的に聞き取れなかったのだが、おそらくこのような主旨のことを語ってくれていた。

言葉としてはシンプルで、ありふれている。フィリピン人の大半はカトリック教徒であり、カトリックっぽいフレーズといってもいい。しかし言葉の重みが違う。「愛とは何か」「子どもを深く理解するとはどういうことか」「自分を捧げるとはどういう意味か」……本当の意味を理解している親は多くはないはずだ。

私は「子育てで最も大事なことは何ですか？」と尋ねた。しかし返ってきたのはさらに大きな「問い」だった。

ただしこれだけはわかった。ハウス・イレブンで育った、まったく異なる個性をもち、それをそれぞれに発揮している子どもたちが共通して醸し出しているものの正体は、「私は愛に包まれている」という安心感だった。

食事を終えると、イモニイが、「ボンガードパズル」を取り出した。食卓が教室に変わる。

例題をいくつか見せると、子どもたちはすぐにルールを理解した。「数学は大嫌い」というマージョリーも、最初の数問を正解すると、調子づいてきた。

きょうだいで競い合うように問題を解いていく。イモニイにマルをもらうと、マージョリーとモレスは飛び跳ねながら喜ぶ。ナナイはそれを満足げに眺めていた。

セブと日本の違いは何か？

日本で見た児童養護施設の雰囲気とはまるで違った。子どもたちの様子も全然違った。日本の児童養護施設では、ちょっと扱い方を間違えるだけで壊れてしまいそうな繊細さを感じさせる子どもが多く、イモニイが用意した課題に取り組むことすら怖がる子どもたちが少なくない。しかしセブの施設の子どもたちは、人生に対して前向きな態度をもっていて、イモニイが用意した課題に意欲的に取り組む。この違いはどこからくるのか。そのことをイモニイに聞いてみた。

「そうなんですよ。親と暮らせないという点では同じなのに、なぜこんなに雰囲気が違うのか。僕も不思議に思ったんです。同じ条件でも、セブでは子どもたちがもっと明るくて生きる力に満ちている。もちろん施設の運営面での違いは大きいのですが、きっとそれだけではありません。子どもの安心感が違うんじゃないかと思ったんです。安心感があるのとないのとでは、学びに対する意欲がこうも違ってしまうものなのかと気付いたんです。そこから、僕の授業の組み立て方や子どもたちとの接し方も方針が定まったような気がします。そういった意味では、ハウス・イレブンが、僕のいまの教育的スタンスの原点だったかもしれないですね」

栄光学園での授業、「いもいも」での授業、日本の児童養護施設での学習支援の様子など、イモニイの子どもに対する接し方を間近で見てきた私には腑に落ちる説明だった。

念のために補足をしておくと、イモニイがここで言う「安心感」とは、「親」から与えられる安心感だけのことではない。その点では日本の児童養護施設の職員だって、最大限のことをしている。しかしそれ以上に、社会の空気がとげとげしい。

「親がいない子は不幸」「お金がないのは不幸」という一方的な価値観で、〝スタンダード〟な家庭像から外れた暮らしをしている子どもたちを、無邪気な哀れみの目で見てしまう社会的風潮が、子どもたちの自己像を傷つけている可能性がある。私はそう思う。

その点、セブでは貧困が身近にある。「経済的に恵まれない状態」にあるだけで、そのひとの生き方がダメだとか不幸だとか決めつけない。見下さない。むしろ助け合って生きていく文化が残っている。だから、施設の子どもたちが差別を受けることがない。東京の一等地で、児童相談所を含む施設の建設反対運動が起きたのとは対照的な状況だ。

ただし、日本において心配なのは、児童養護施設の子どもたちだけではない。血のつながった親元で、「愛情」を十分に与えてもらいながら物質的には何不自由なく暮らしているはずの子ど

図13

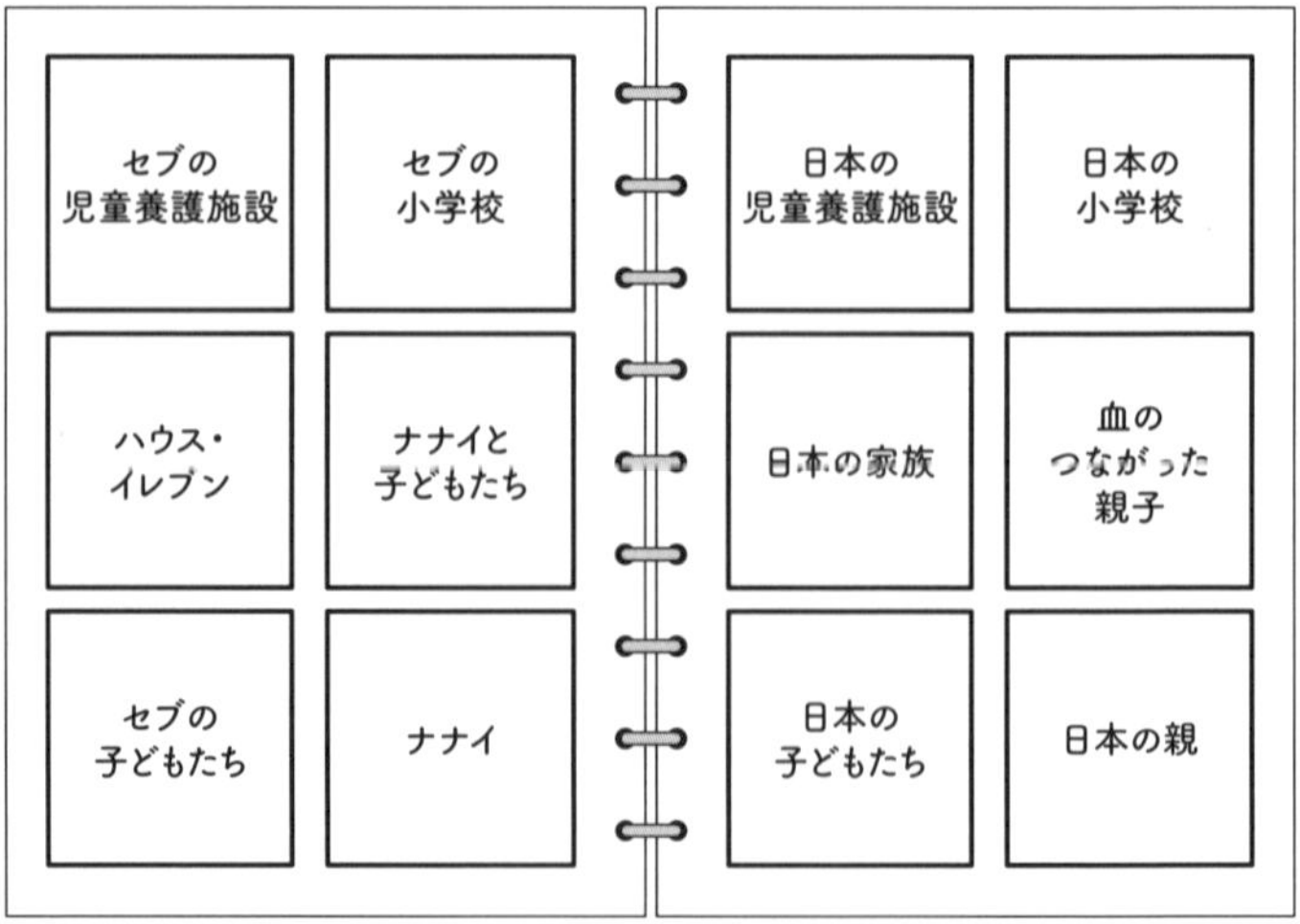

もたちも同様である。

セブの子どもたちよりも、日本の多くの子どもたちのほうが、緊張していて、不安げで、落ち着きがないように感じられる。いわゆる「いい学校」に通っていても、そういう子は少なくない。その差は何か……。

畢竟《ひっきょう》するに、図13が、ナナイから宿題として渡された「ボンガードパズル」ということになる。みんなで知恵を出し合って、解いていかなければならない。それが大人の責任だ。

私たちはなぜ複雑にしてしまうのか?

ホテルに帰ってから、私たちはナナイの言葉を反芻《はんすう》した。

「愛とか理解とか、言葉としては、『そうだよな』と思えるけど、本当に子どもを愛するとか、本当に子どもを理解するってどういうことなのかは、実はわかっていないケースが多いんじゃないですかね。日本の親たちだって、子どもを愛していることは間違いないんですよ。でも、親の身勝手な愛を与えるとか、親の価値観で理解するとかになりがち……」

「深く理解するというのは、もちろん言いなりになるという意味ではなくて、ただ話を聞いてあげるということでもなくて、子どもの置かれた状況や子ども自身が自覚できていない心の葛藤なんかまでをも含めて、いまその子のなかに何が起きているのかをつぶさに受け止めるということですよね」

「Sacrifice（犠牲）という言葉を使ってましたけれど……」

「カトリックの神父さんがSacrificeという言葉をポジティブな意味で使っているのを何度か聞いたことがあります。決して『自分を殺す』というようなネガティブな意味じゃないんですよね。どちらかというと神聖な仕事に全身全霊で取り組むみたいなニュアンスだと思います」

「そして、大事なのが、『与える』んじゃなくて、『心をかける』って感覚ですよね。常に子どものそばにいて、気持ちに寄り添いながら見守るみたいなことですよね」

「お米とかジュースとかの差し入れを持っていきましたけど、むしろ今日なんて、ナナイの愛に包まれて、こっちがもっとたくさんの宝物をわけてもらっちゃったわけですよね。ナナイは僕らに心をかけてくれて、愛してくれた。それが伝わってきて、純粋にうれしかった」

「『教育支援に行く』と言いながら、多くを学んだのは私たちのほうでしたね」

「僕は、物質的に豊かであるというだけで、自分たちのほうが恵まれていて幸せで、すなわち『上の立場』なんだと錯覚していました。でもむしろ逆でした。何かを与えようと思っていた自分自身の気持ちのほうが、実は、貧しかった……。猛烈に反省です」

「そうなんだよなぁ。だって、億万長者のＩＴ社長みたいなひとがさ、オレたちに『君たち年収が少なくてかわいそうだね。お金わけてあげようか』と言ってきたら『いやいや大丈夫ですから』って思うでしょ。それと同じだよね」

「ナナイのスタンスもきっとそうなんですよね。『この子たちには足りないものが多いからたくさん与えてあげよう』ではなくて、『あなたたちはそのままですでに愛されるべき存在なんだ』ということを、常に言葉やそれ以外の方法で伝えているんですよね」

「あなたは〇〇ができるからすごいとか、テストで何点とったから自慢だとか、ひとに優しくできたから偉いとか、そういうことではなくて、無条件の愛ですね」

「ナナイは子どもを注意しても、そのまま続けて『アイ・ラブ・ユー』って言うからね」

「無条件の愛という概念を理解すること自体が、普通のひとにはなかなか難しい。ナナイは30年以上ナナイをやってきたから、いまや達人の域にいるけれど、たぶんナナイだって最初はうまくできなかったんじゃないかなって思うんです。でもだんだんとそれができるようになるっていうのが、親としての成長なんだと思うんですよね」

「ナナイが言っているのは結局、子どもという存在のすべてをありのままに受け入れるという、たったそれだけのことなんですよね、きっと。頭では理解できても、実際にはなかなかできないことなんだけど……」

イモニイがしみじみとつぶやいた。

「僕たちは、勝手に子育てや教育を複雑にしているんですね。それで子どもたちに窮屈な思いをさせてしまっているのかもしれない」

イモニイが引いた補助線のおかげで、私たちが解くべき「真の問い」が鮮やかに浮かび上がった。


〈私たちはなぜ複雑にしてしまうのか？〉

第5章

鬱《うつ》るんです

嘘で埋め尽くした原稿用紙

幼いころは手が付けられないほどのいたずらっ子でガキ大将だった。

「とにかく超問題児だったんですよ。問題児といっても暴力を振るうとか、キレるとかそういうのではなくて、『やっちゃダメ』ってことをやらずにいられない性分だったんです。サービス精神だったんですよ。まわりのひとたちを驚かせたいという（笑）。だからみんなに注目されない悪いことはやりませんでした」

近所から苦情の電話がかかってきたり、学校から呼び出されたり。母親は日常的に謝っていた。人前ではいつも頭を下げている母であったが、イモニイ自身は母からグチグチと説教された記憶がほとんどない。

現在母親は認知症を患い、施設で暮らしている。30秒前のことすら忘れてしまう。それでも当時のことを尋ねると、「子どもってそういうものだと思っていたから」という答えが返ってくる。

いつもおおらかで、イライラした様子を見せることのない母親だった。

「僕のいまの教育観は、間違いなく母親の影響を強く受けていますね」

イモニイは1969年神奈川県相模原市で生まれた。姉、兄がいる。末っ子だ。一軒家に、父方の祖父母が同居しており、母方の祖父母も近くに住んでいた。父親はもともとサラリーマンだったが脱サラし、小さな会社を経営していた。昭和の、割とありふれた家族の形だ。

ただ一つ、いまになって思えばイモニイの生育環境をやや特殊にしていたのが、兄の存在だった。兄は生まれつき、脳性小児麻痺の障害をもっていた。

しかしイモニイがそのことをネガティブにとらえたことはない。かわいそうだと思ったこともないし、特別に思いやりをもって接していたわけでもない。むしろ「うちにはショーガイシャがいるんだよ！」と自慢げに話していた。

それもいま思えば母親からの影響だ。母親は、兄がひとから何を言われようと、恥ずかしがったり恐縮がったりするところをいっさい見せなかった。むしろ兄をどんどん外に連れ出して「うちの子、かわいいでしょ」と見せた。

「いまになって、自分の母親を尊敬しますね。すごいひとだったんだなあと」

小学1年生のとき、学校で作文を書くことになった。テーマは夏休みの思い出か何かだった。隣の席の前川くんがものすごい勢いで原稿用紙を埋めていくのを見て、イモニイは対抗意識を燃やした。そんなに書くことなんてなかったから、ぜんぶ作り話で原稿用紙5枚分を埋めた。

その数日後、たまたま自宅に親戚が集まる機会があった。母親はそこにイモニイの作文をもってきて、大笑いしながらみんなに見せた。

「これ見て！　これぜんぶ嘘なの！」

親戚一同も大笑いした。それがうれしかったことをいまでも覚えている。

「自分がしたことが、あんなにみんなをハッピーにさせるんだ、嘘でさえあんなに喜ばれるんだという原体験です。ゼロからものをつくるのも好きになりました。自分ですごろくをつくったり、野球盤をつくったり」

母親は、生き物が好きだった。家には小鳥や猫やめだかがいた。野良猫もよく遊びに来た。花もたくさんあった。イモニイが「なんで花が好きなの？」と聞くと、「花とか動物は口がきけないからやさしくするの」と教えてくれた。

父親も常識にとらわれないひとで、ほとんど放任主義だった。だからイモニイは、小さなころから親の許可をもらうということをしたことがない。自分のやりたいことをやりたいようにやって育ってきた。

悪ガキを変えた中学受験勉強

通信簿には「落ち着きがない」「授業中に立ち歩く」「宿題を提出しない」と毎回書かれていた〝悪ガキ〟が、小学5年生のときに豹変《ひょうへん》した。理由は中学受験勉強だった。

いつもいっしょに遊んでいた親友が、小5のある時期から遊んでくれなくなった。理由を聞くと塾だった。それで、自分も塾に行かせてくれと母親に頼んだ。母親はNOとは言わないひとだから、すぐに入塾手続きのために塾に行ってくれた。

しかし帰宅した母親は「申し込まなかった」とイモニイに告げた。イモニイはびっくりした。

「なんで？」

「日曜日にも塾があるらしいから。でも日曜日は野球でしょ」

イモニイは小1のころから地域の少年野球チームに所属していた。なかなかの強豪だったが、イモニイは運動神経が良く、小4でレギュラーになった。毎週日曜日は野球漬けだった。その野球をやめるという選択はあり得ないと、母親は迷いなく判断したのだった。

それを聞いたイモニイの口から出た言葉は、「じゃ、野球やめる！」だった。

「それがすごく不思議な瞬間だったんですよ。『野球やめる！』って言っている僕を、もう一人の自分が、『ちょ、待てよ。オマエ、何言ってるんだよ！』って焦って見ていたんです。何かに言わされているような感じでした」

個人経営の小さな塾だったが、いい成績をとると、廊下に張り出された自分の名前のところに金とか銀のシールを貼ってもらえる。それに憧れて、勉強を頑張るようになった。それまでは小学校の宿題だって一度も出したことがなかったのに。勉強へのモチベーションと反比例して、問題行動は減じた。

勝手に勉強して、成績はみるみる上がった。そして見事栄光学園中学校に合格する。

栄光学園ではバスケ部に所属した。バスケにはそれほど熱中したわけではなかったが、中2から高3まで、かなりストイックに筋トレに取り組んだ。

栄光学園在籍中から、「先生になろう」と決めていた。何かきっかけがあったわけではない。それが当たり前だと思っていた。

私は不思議に思って、家系について尋ねてみた。すると、母方の祖父は、成城学園の英語教師だったことが判明した。おおらかな母親も、小学校から短大まで成城学園で育った。それでいろいろなことに合点がいく。

成城学園は「大正新教育」と呼ばれた自由教育運動の中心地だった。いまの時代から見ても非常に先進的な教育が行われていた。そこからのちに、玉川学園、明星学園、和光学園、自由の森学園など、産業主義的でない新しい教育を標榜する学校が派生した。

イモニイの母親はそういう教育を受けてきたし、そのスタンスでイモニイを育てたし、そして何より、血は争えないというわけだ。

「東大合格」にいたたまれなくなったわけ

特に深い考えもなく、進学先には東大理Iを選んだ。現役で合格した。でも、合格発表のその日、イモニイは自宅には帰らなかった。両親に合格報告の電話もしなかった。そこにはイモニイが幼いころから抱えていた複雑な思いがあった。

「僕は、かなり幼いころから、お金持ちに生まれたからこそ手に入れることができるものとか、恵まれた出会いがあったからこそ得られたものとか、何かによって得られる・得られないが左右されるものには価値がないと思っていました。努力して手に入れることができるものも同じです。努力ができる状況のある・なしに左右されるから。これは自分の根本にある感覚でした」

だから、イモニイ自身、頭がいいとか運動が得意とか、そういうことで評価されても、素直には喜べなかった。

「この感覚がなぜ育まれたのかを考えると、間違いなく、家族のなかに障害をもっている兄がいたということが大きく影響しているんです。僕が自分の足で歩けて、運動も勉強もできて、それによって褒められて、それはうれしいし、そのおかげでいい学校にも行けたし、お金も得られて、不自由のない生活ができているけれど、でもこれってぜんぶ嘘だよなって思うんです」

嘘を虚構と置き換えてもいいだろう。

「だって兄貴にはどうしたって無理なんだから。与えられた身体的条件や能力や、自分ではどうしようもできない環境によって、得られるものと得られないものがあるのは事実だと思いますが、だとしたら、そこでたまたま得られたものに本当の価値があるわけがない。真理が公平でないはずはないから」

自分は小5で思い立って中学受験をし、栄光学園というすばらしい学校に入ってすばらしい教育を受けることができた。では、自分は兄より幸せなのか。そんなことはない。だったら、自分が努力によって得たものの価値はなんなのか。そこに価値なんてないんじゃないか。気付けば、そんなふうに思うようになっていた。

「僕は兄に特別にやさしかったわけではないけれど、兄という存在があったことで、そういうことを幼いころから自然に感じとっていたのでしょう。そうなると、世の中のほとんどのものって価値がないじゃないですか。目に見えないものを意識するようになるじゃないですか」

小さいころから祖父母がしてくれる天国地獄の話が好きだった。中学になったら丹波哲郎の霊界の本やら海外のスピリチュアル系の本を読みあさった。科学者が死後の世界について書いた本、さらには親鸞《しんらん》とかキリストとかがどういう考えだったのかという伝記や小説を読んだ。

イモニイ自身は特定の宗教の信者ではないが、何らかの強い信仰をもつひとには深く共感できるという。

「親鸞の『歎異抄《たんにしょう》』なんてすごい哲学書ですよ。弟子の唯円《ゆいえん》から『本当に南無阿弥陀仏で救われるんですか』というようなことを問われて、親鸞は『わからない』と答えるんです。『だけども、自分みたいな業の深い者が極楽浄土に行こうと思っても、自分の力ではどうあがいたって無理なんだから、唯一の可能性としては、仏様におまかせするしかないだろう。残された方法は、念仏を唱える以外にないだろう』と答えるんです。それしか方法がないのだとしたら、それが正解だと考えるしかないだろうと言う。その考え方に出会ったときに、ものすごく心を打たれました。だから、たとえば寝たきりのひとでも普通にもてるものでなければ、本当の価値のあるものではないと考えるようになりました」

特に思春期には、自分の学力を褒められることに、変なコンプレックスがあった。まわりから褒められれば褒められるほど、「違う！」という思いが強まった。

「だから、僕、東大に受かった日、家に帰らなかったんです。それは、『帰れなかった』ですね。もしそこで家族が大喜びするのを見ちゃったら僕、つらくなりそうで。かっこつけでもなんでもなくて、帰れなくて、友達の家に泊まらせてもらいました」

東大合格に価値なんてないと思っている自分と、でもそれを喜んでいる自分がいる。そういう自分を認めたくなかった。

橋の上での、弱々しい子猫との出会い

そういうことは思春期だけでなく、幼いころからよく考えていたのだという。象徴的なエピソードを語ってくれた。

「道を歩いていたら、ちょうど橋のところで、毛がパサパサになった弱々しい子猫がニャーって寄って来たんです。そのとき、天使と悪魔の二面の自分が現れた。一人の僕はこの猫を橋から落としたい。足元に猫が来て、だんだん欄干《らんかん》のほうに行く。押し寄せて押し寄せて、自分で蹴って落としたくはないけど落ちるような展開を期待する自分。一方で『絶対に落ちるな！　逃げろ！』って思っている自分がいる」

井本少年は橋の端ギリギリまで子猫を追いつめた。ギリギリのところで猫はスルッと足をかわして逃げてくれた。井本少年はホッとした。

「子猫の弱々しさが自分の弱々しさと重なって見えて、そこにイライラして落としたい衝

動に駆られる自分と、そんな子猫がとにかく愛おしくて仕方がないという自分と、二人の自分がたしかに存在していて、葛藤していた。あれは自分にとってすごく大きな経験でした。要するにどんな子もそういうところをもっているわけで、猫を落とした子は悪い子で、落とさない子がいい子だという単純な話じゃない。それは紙一重でしかない。だから、やった行為にもほとんど意味がないと、そのときに気付きました。たしか小学校低学年のときのことです」

井本少年の豊かすぎる感受性を、栄光学園のキリスト教精神がしっかりと受け止めた。

「中1のときに当時の富田校長が、みんなの前で、『ひとに迷惑をかけるな』なんて言うなって話をした。それはなぜか？　もし百人いて、みんなが反対することでも、自分は絶対これをやるんだということなら、迷惑をかけてでもやり抜かないとダメだと。その代わり逆に、自分の身近なひとがその思いでやっているときは、迷惑をどんどん受けなさいと」

その話は井本少年の心に深く響いた。

「栄光のいいところは、考え方を絶対に強制しないところ。で、卒業生がみんなそう言うんですけど、Men for othersっていう標語の存在感が、自分のなかで年を重ねるごとにどんどん大きくなってくる。それってホントにその通りで。自分がいましていることが世の中にとってどんな意味をもっているんだろうかとか、常に考えるようになる。自分が見たくないと思っている世界にいずれは足を踏み入れることになるのだろうという予感が常にあったり。自分のなかのそういう部分が、栄光での6年間で培《つちか》われたと思う」

教員になって、変わっていく自分

東大は教師になるための通過点でしかなかった。大学時代の思い出といえば、ほとんどがテニスサークルの思い出だ。テニスも頑張ったが、それ以上にサークルを楽しく運営することに情熱を注いだ。率先してイベントを仕切り、みんなが喜ぶ姿を見るのが自分の喜びだった。ときに自虐ギャグを盛り込みながら、みんなを笑顔にしてしまうイモニイの「おもてなし」のセンスは、そのころ培われたものらしい。「イモニイ」の愛称が定着したのもそのころだ。

大学3年も後半になると、サークルの仲間たちは次々と一流企業への就職を決めていった。でもイモニイは、「オレ、先生になるから」と他人事だった。大学4年生で、教育実習生として母校に戻った。そこでお願いすれば栄光学園の先生になれるものだとばかり思っていた。でも「いまは空きがないよ」と言われた。

栄光学園がダメなら、神奈川県の教員採用試験を受けるしかないと考えたが、慌てて対策しても間に合いそうになかったので、就職留年をするつもりでいた。すると秋になって栄光学園から電話があった。数学教員を1人増やさなければいけなくなったから採用試験に来てほしいとのことだった。

予定通り、母校の教員になった。かといって、理想の教師像のようなものをもっていたわけではない。最初から熱血教師だったわけでもない。学校から言われたことは、言われたままに、何でも引き受けた。

「栄光学園は自由でおおらかな校風の学校ですが、それでも学校独特の空気ってあるんです。常に教員が先回りしてトラブルが起こらないようにするみたいな。僕もそこに染まっていくんです。服装のこととか結構厳しく指導してました。当時の生徒には申し訳なかったなと、いまさらながらに思っています」

天真爛漫《てんしんらんまん》に生きてきたイモニイが、生徒としてではなく、教員として「学校」というシステムの一部になったとき、歪みが生じた。最初はかすかな歪みだったものが、次第に大きくなっていく。

自分のなかに生じている異変には、割と早めに気付いていた。

教員になりたてのころ、友達と渋谷の雑踏を歩いていると、前を歩いているひとが、閉じた傘を水平に握って前後に振りながら歩いていた。尖ったところがこちらに向く。そのときに、「なんだよこいつ、ふざけんなよ」って怒りを覚える自分がいた。

「大学時代までの僕はそんなこと思いもしないんですよ。学校に入ると、生徒をいろんなところで指導するじゃないですか、先回りして。その感覚が自分自身の価値観として染みついてしまったんでしょうね」

学校に行くことを身体が拒否

しかしイモニイは、「教員」としての規範主義的な振る舞いをそのますんなり身に付けるほど単純ではなかった。

「それまでは自分のことを『まあまあいいやつだ』と思っていました。でも教員として毎日を過ごしていると、そこに何の根拠もないと感じるようになってしまった。自分を『ずるいやつ』『うまくやっているだけのやつ』と評価するようになった。気付けば、自分のことが嫌で嫌でしょうがなくなっていました」

一人でいるときには、声に出して、自分自身を罵倒《ばとう》した。現在のいつもほがらかなイモニイを知るひとたちには想像もできない姿だろう。

「20代の僕の心のなかには、いつも嵐が吹き荒れていたんです」

学校ではもちろん、家に帰っても仕事に没頭し、そうすることによって自分の存在意義を支えていた。冷蔵庫を開けては閉じる癖がついていた。おそらく虚無感からくる無意識の行動である。

教員7年目のある月曜日、朝起きると体がだるかった。体温計で測ると熱があった。学校に欠席の連絡を入れてしばらくすると熱が下がった。翌日もその翌日も同様だった。木曜日の夜「明日は授業のない日だから、もう1日休むか」と思って寝た。すると翌朝、熱はなかった。

「これ、不登校の生徒と同じだぞ……」

自分が鬱《うつ》状態にあることに気付いた。

体調は悪くない。その日はちょうどカウンセラーが来る日だった。「今日、絶対に学校に行かなくちゃ」と思って、登校した。すると奇跡的にカウンセラーの予約がまったく入っておらず、午前中ずっと話を聞いてもらえることになった。

一通りの話を聞いたカウンセラーがこう言った。

「井本先生のなかに、ものすごくおおらかでやんちゃな井本先生と、すごいストイックな井本先生と、2人いてね、それがぶつかって葛藤が起こっているんだと思うけれど、小さいときの自分は、どういう自分だった？」

自分はもともとやんちゃでいたずら好き。そういう子どもを見るとかわいいと感じるのが本来の自分。規律に縛られるような人間ではなかったし、規律で子どもたちを縛るような人間でもなかった。単純に生徒たちをびっくりさせたい。それが自分の原動力。あるいは、さみしそうにしているひとを見つけると、寄り添って安心させてあげたいとか、緊張しているひとを見ると、リラックスさせてあげたいとか、そういうことが本来の自分の価値観であることを思い出した。

天真爛漫で優しいイモニイと、ストイックで厳しいイモニイ。イモニイのなかにはどうやら2つの人格がある。

子猫のエピソードでは、弱々しい子猫を愛おしく思う天真爛漫で優しいイモニイと、子猫の弱々しさを自分と重ねそんな自分を全否定してしまいたいと思うストイックで厳しいイモニイの両方が同時に現れた。

不登校を経験するまでの教員としてのイモニイは、学校の規範を守る〝正しい〟教員としての姿をストイックに追い求めてしまっていた。天真爛漫で優しいイモニイが「どうして僕の言うことを聞いてくれないの？　僕のことを忘れてしまったの？」と必死に訴えかけていたのに、それを無視し続けた。最終手段として、天真爛漫で優しいイモニイは、心のなかで独りストライキを始めた。それで身動きがとれなくなってしまったのである。

イモニイの返事を聞いて、カウンセラーは続けた。

「いますぐ井本先生が変わったり、楽になったりということはないけれど、3〜4年後には『あのときなんで悩んでいたんだろう？』って思うはずです」

それを聞いて心のつかえがとれるのを感じた。

翌日からは文字通り憑きものがとれたかのように、いつも通り学校に行って、いつも通りの授業ができるようになった。そのときから、社会規範的な〝正しさ〟よりも「本来の自分」を大事にするようになった。

天真爛漫で優しい自分をストイックで厳しい自分が身を挺《てい》して守り、ストイックで厳しい自分を天真爛漫で優しい自分が癒やすことにした。幼いころから自分のなかに同居していた2人の自分が、競争するのでなく、協働するようになったのだ。いわゆる「父性」と「母性」の調和といってもいいかもしれない。

〝責任感〟が自分の目を濁らせた

振り返れば、教員7年目はイモニイの人生においてあまりに大きな節目となる年だった。受験対策ではなく考え抜く授業を始めたのもこの年だし、自身の不登校も経験した。のちにイモニイの教師人生を新たなフェーズに導くことになる教え子・川島慶さんとの出会いもこの年だったが、その同期生にもう1人、イモニイの人生に大きなインパクトをもたらした生徒がいた。ここではRくんと呼ぶ。

教員生活7年目にしてイモニイが初めて担任をすることになったクラスにRくんがいた。

「まあとにかくやんちゃで、まるでかつての自分を見ているような感じがありました。一方でとても聡明で、全身から躍動感が溢《あふ》れ出すような子で、僕はすごくかわいがったんです。でものちに、30件くらいの盗難をしていたことが発覚します」

本人とも、保護者とも面談を重ねる。そのなかでわかってきたのが、Rくんが家庭で「教育虐待」を受けているということだった。一般に「教育虐待」とは、教育熱心な親が、子どもの受容能力を超えてまで勉強させ、子どもを追いつめること。もちろん当時はそんな言葉はなかった。

「小さいころから勉強、勉強、勉強、勉強、勉強、勉強、勉強、勉強……で、間違えると手の甲をシャーペンで刺される。『それはかわいそうだったなあ』と同情しても、『僕ができなかったから悪い』と当たり前のように言う。小学校から私立に通い、常に親のプレッシャーがものすごかった」

ここでちょっと振り返りたい。さきほどイモニイが学校に行けなくなったときのことを書いた。それはまさに、Rくんの数々のトラブルに対応していたときに重なる。心労がたったのかもしれない。が、別の見方もできる。

イモニイはRくんの姿に自分を投影していたのではないか。それで、もともとイモニイのなかにあった、Rくんに似た、天真爛漫で優しいもう一人の自分が目覚め、「規範的教師像」を追求するストイックで厳しい自分と対決を始めたのかもしれない。「それが本当のオマエなのか?」と。Rくんを、イモニイの幼少期に橋の上で出会った子猫の再来ととらえることもできる。

Rくんが中2に上がるとき、イモニイは「僕に担任をやらせてください」と手を挙げた。しかし1年後、イモニイの奮闘虚《むな》しく、Rくんの留年が決まった。もう一度、中2をやることになった。そのことを決定する会議で、イモニイは、涙が止まらなくなった。

そのあとまたカウンセラーに話を聞いてもらい、ようやく気付いた。

「自分で手を挙げて担任をやらせてもらって、この子を何とかしようと思うじゃないですか。変な責任感が出てくる。それまではただかわいがって、勉強のことなんて何にも言わなかったのに、『オマエ、ちゃんと勉強しろよ』『静かに授業を受けなきゃダメだろ』と言うようになるんです。かわいいと思う気持ちは変わらないんです。でも、気付かないうちに、僕は彼にお小言《こごと》ばかり言う存在になっていた」

結局Rくんの母親と同じである。「この子のため」と思うあまり、その子のことが見えなくなる。教育熱心な多くの親が陥る罠だ。Rくんはそのときもしかしたら「なんだ、イモニイも同じか……」と絶望を感じていたかもしれない。

カウンセラーの前で、おそらく10分以上、嗚咽《おえつ》して何もしゃべれなくなってしまった。

「教員じゃなかったらしないことは、もうしない」

「たぶん僕、途中から、僕を見るRの目が死んでいることに気付いていたんですよ。でも、『僕は彼に責任がある』『あいつのことを本当に好きだからやっているんだ』というエゴが、それを見えなくしていたんですね」

中2の終業式の日、最後のホームルームでイモニイは生徒たちに歌のプレゼントをした。2日間くらい泣きながら徹夜して、作詞・作曲した歌だった。

「旅立ちの君」

目の前の現実がどこまでも追いかけては語りかける
乗りきれない孤独感に埋もれてる君を見てる

行き場のない毎日を君はただ心閉じて走ってゆく
「大丈夫だよ」なんて笑う君の瞳さびしい

夢の中まで甦《よみがえ》る傷ついた日の遠い記憶
自分を信じられるほど君は強くないけど
分かってくれるよすべてを君のまま

つらいこの時が君の輝きに変わる日が来るさ
信じる勇気が愛の中で真直ぐに灯るように

どこへ行ってしまったのだろう
本当の自分自身あきらめてた
果てしなく続く坂道
君は今見つめている

あのころ夢見ていたもの　かすかに胸に甦る
現実から逃げてたって傷つくだけさ　きっと
見えない自分にかけよう　もう一度

切ない思い出…
誰にも新しい未来があるのさ
君だけの歌が風のように流れてゆく

つらいこの時が君の輝きに変わる日が来るさ
信じる勇気が愛の中で真直ぐに灯るように

みんなニコニコ聞いてくれた。でも本当は、Rくんに向けた歌。

「それが精一杯だったんです。僕ができる……」

結局Rくんは学校に来なくなり、二度目の中2の途中で退学した。

「悪いことをした、できることならやり直したい」とイモニイはずっと思っていた。カウンセラーからは、「次のRくんを見つけようとしちゃダメだよ」と釘を刺された。別の子どもで挽回しようと思ってはいけないという意味だ。

「だけど僕、もう教員をやめたくなってしまって。要するに、正しいと思ってやったとしても、正しいという根拠なんて何もない。教師としての〝正しさ〟にとらわれて、あんなに大切に思っていたRに、肯定的な気持ちを全然伝えていなかった。いったい自分は何をやっていたんだろう……と」

そして決意する。

「自分が教員じゃなかったらしてないことは、もうしない」

もし自分が教員でなかったとしたら気にしないことは気にしない。要するに生徒指導はやめた。説教じみた人生論を語るとか、そういうのもいっさいやめた。ひとりの人間としての純粋な感性で子どもたちと向き合うことに決めた。

「それでいまの、このキャラクターができました。彼がいなかったら、いまの僕はいないですね」

以下、現在の教師としてのスタンスを、いろいろ聞いてみた。

教えたことは身に付かない

おおた　思春期の生意気な子どもたちを前にしてもイモニイは怒鳴ったりしないじゃないですか。そんなんで生徒指導できるのかと思うひとも多いと思うのですが。

イモニイ　そもそも子どもが「ふざけ」「いたずら」「ずる」「脱線」をしているときは、いちばん自分の頭で考えているときなんです。それをむやみにストップしてしまうのはもったいない。むしろそれを活かさないと。一般的には悪いとされることのなかにも、子どもの良いところを認めるようにすると、子どもはどんどん自分で考える子になっていきます。

おおた　よく「ありのままの子どもを認める」って言いますけど、いきなりありのままを認めるって言われても、普通のひとは何からしていいのかわかりませんよね。いわゆる「悪さ」のなかにも子どもが本来もつ輝きを見いだそうとすると、それだけできっと子どもを見る目が変わって、いつの間にかありのままを認められるようになりそうですよね。

イモニイ　でも状況によっては僕も全然怒りますよ。個々はきちんとしていても集団になると全然ダメっていうことあるじゃないですか。考えて「悪さ」をしているというよりは、考えないで堕落して行くみたいな。そういうときに注意とか、ハッとさせるとかは、全然使えばいいいと思っているし。まず、「怒る」っていうのはアリだと思うんですよ。「怒る」っていうか、「叱る」か。そうじゃなくて、人格を攻撃しちゃったりとか。それ、できちゃうじゃないですか、ひとって。そういうときに、自分の怒りを正当化しないっていうことのほうが大事だと思うんですね。だから僕も全然ありますよ。ひとよりは少ないと思うけど。あとは日常、廊下でとか、部活中とか、朝礼で点呼をとるときとか、そういうときは飯塚のほうがスーパーですね。飯塚（第3章に前出の鎌倉学園の英語教師）はたぶん全然並んでなくても、先生が朝礼台の前で立ってるのにくっちゃべっていても気にしない。それどころか、飯塚はいっしょに話しちゃう。それも全然アリだと思うんですよね。

おおた　先生が睨《にら》みをきかせて威圧するみたいなのはアリ？

イモニイ　それが得意で、それによって生徒が安心するならアリじゃないですか。僕の場合はそういうのが下手だからやりませんけど。

おおた　イモニイの授業は1問にものすごく時間をかけたりしますけど、あれで範囲を終えることはできるんですか。

イモニイ　それ、答えが結構カンタンです。僕は2つの目標をもっています。1つは「これは知っておいたほうがいい」って知識を押さえること。もう1つは「絶対に無理だと思っていたのに……あれ？　自分でできちゃった！」っていう体験をさせること。高濱さんは「わかっちゃった体験」って言いますね。まさにそれです。どこまでやるかを最初から決めるんじゃなくて、この2つのバランスを見ながらやります。だから最初からカリキュラムを決められません。

おおた　僕が思うに、ほとんどの先生は「この教科書を終わらせなきゃ」「これだけの問題数解かせなきゃ」っていうふうなことに縛られてしまっているし、社会としてもそれを先生に求めていますよね。

イモニイ　それで自分が身に付いていないということが、みんなわかっているのに……。不思議なんですよねえ。ここからここまでは絶対にやるとか決めてしまったら、そんな面白くない授業ってない。

おおた　先生に自由にやらせようということになると、次に出てくるのが、先生の力量によって終えられる範囲に差が出ちゃうじゃないかみたいな批判でしょう。

イモニイ　それは、当たり前ですよね。どの先生が教えても同じようにできる授業なんて価値がないです。それこそまったく記憶に残らない授業じゃないですか、おそらく。あとはなんだかみんな、「教えたことが身に付く」って思っているから。あ、そっちのことが大きいかもしれないなあ。本当に教育を突き詰めているひとは、みんな当たり前のようにわかっていること。「教えたことは身に付かない」。これはハッキリ言える。考えさせないと身に付かない。なのに範囲を終えるために駆け足になって、いちばん重要な考える時間を削ると絶対身に付かない。レッスンプランを考えるときにも、「理解させられたか」よりも「考えているか」を気にしたほうがいい。

おおた　だからイモニイは、授業中に答え合わせをせず、家で考えてもらう。

イモニイ　でも宿題にするのは嫌。それでいわゆる「おみやげシステム」にしています。宿題って効果があるのか疑問だし、自分は宿題なんてやったことなかったし（笑）。あと、これもハッキリ言えますが、宿題じゃないのに自主的にやることで、自分の学びに誇りがもてるんですよ。だから宿題にするよりおみやげにするほうが結果的にみんなちゃんとやってくるし、時間もかけてくれる。

おおた　逆転の発想ですね。

イモニイ　そもそも子どもが没頭するには2つの条件が必要です。1つは自分のやり方で自由にできること。もう1つはモヤモヤが置かれるってことです。自分のなかにモヤモヤしたものがあると解決してスッキリしたいと思うでしょ。だから答えを言わないでしばらく放っておいたほうがいい。

褒めればいいってもんでもない

おおた　若手の先生たちへのアドバイスを聞きたいです。

イモニイ　飯塚みたいに、自分のやりたいようにやる先生は、どうせ自分の思うようにやるからいいんです。ただ、飯塚を例に出していえば、なんであいつがああなったかといえば、自分が思うようにやるということだけじゃなくて、子どもへの愛、子ども中心の考え方、自分の哲学があって、他人の言うことを聞かないんです。単に頑固なんじゃなくて。

おおた　わかります。

イモニイ　だけど柔軟性がある。つまり、「なんか、違う……」と思ったらすぐに変えられるんです。自分の変なプライドがない。そういうところがいいんです。でも、ほとんどの先生は、おそらく、まわりから言われたら聞いちゃうじゃないですか。自分のやり方を通そうなんてひとは少ない。それは本当にもったいないないですよね。若いひとたち、これから教員になるようなひとたちと話すと、みんなすばらしいモチベーションをもっているんですよ。でも、自分のやり方を突き通しちゃうよりも、現場の空気、職員の空気を読んじゃう……みたいな。そのなかで、だんだんと自分が見えなくなっちゃうというのがあると思う。そこは、僕が、背中を押してあげたいと思いますね。

おおた　自分のやり方を貫くことを？

イモニイ　そうですね。「変態でいいんだ！」みたいな（笑）。要するに「変態」って自分の素をそのまま出せるってことですよね。結局、教師のいちばん大きなパラメーターの一つは、キャラクターだと思うんですよ。だからひとのまねをしてうまくいくわけがない。まず自分を大事にしようって言いたい。そうすると、自分は自然にやれちゃうのに「あれ？みんな、できないの？」ってものがあることに気付けるから。それを武器として絶対に使ったほうがいい。ハウツーを教えるようなセミナーには行かないほうがいいですよ。教育本なんて読まなくていいです。特に若いうちは。それより本当に、自分の目で見て、感じたこと、自分の心で感じたことをもとに試行錯誤をしたほうがいいです。

おおた　それもなかなか勇気が要ることなんでしょうけれど、イモニイみたいなひとが若い先生に伝えていかなければいけないことですよね。

イモニイ　あと、子どものやる気を引き出したいなら、いま難なくできていることをどんどん言ってあげることですね。絶対にそこですね。本当にささいなことでいいので、その子が当たり前のようにやってしまっていることを指摘してあげると子どもは変わりますよ。逆に、褒めることが目的になってしまうのも危険なんですけどね。あるサマースクールに参加したときに実際に見たのですが、ただうるさく大げさに褒めているひとがいました。どこかで習ってきたんでしょうね。でも全然子どもに響いていないんです。子ども見てたらわかると思うんですけど……。見ないで褒めてる。褒め方のパターンがあって、ハウツーになっているんですね。ファストフード店の「いらっしゃいませ〜」みたいに。

まずは1週間、限界まで準備してみる

おおた　イモニイは、1回の授業準備にどれくらい時間をかけるんですか？

イモニイ　僕は授業デザインをするときって、気持ち悪いくらい細かいんです（笑）。あら

ゆる可能性を想定して考える。そこまで考えなくても授業全体には影響しないよということまで。だけど、理屈じゃなくて、やっちゃうんです。やりたいんです。その効果ってすごくあると思っているから。観察って、準備がなきゃできないんですよ。

おおた　そうだと思う。

イモニイ　何も知らないのに、「生徒をよく見ましょう」なんてダメで。「これやったらどうかな？」「あいつどうリアクションするかな？」とか。「あいつは簡単にできちゃうな……」とか。いろいろ考えて、「この問いかけ、こうしよう」とか「ここでプリント配ろう」とか。プリントの図も、たぶん教科書よりきれいに描いていますよ。細部にこだわるから、生徒たちの反応がバーッと僕の頭にインプットされるんです。準備をするっていうのは、視点をもつこと。視点をもったら無意識でも発見ができるようになる。そこまでしないと、自分の失敗にも気付けないと思いますよ。

おおた　そこまでストイックに考えているんですね。世の先生がみんなそこまでやっているとは到底思えない……。

イモニイ　具体的に授業準備をどうするかってことはなかなか言葉では伝えられません。嘘は言いたくないし。だから若い先生にアドバイスするときは、「1週間だけでいいから、これ以上準備できないっていうくらいやってごらん」と言います。そうするといろいろなことに気付けますから。一度その視点をもってしまえば、もうやめられなくなると思うんですよ。もしそのひとが、授業をするという星に生まれてきているのだとしたら。

おおた　イモニイほどのキャリア、経験、腕がある先生でも、毎回これだけ試行錯誤をしているというのはインパクトありますよ。「このひと、天才的にできちゃうんじゃないかな？」「パッと渡された教材でパッとその場で面白い授業ができちゃうんじゃないかな？」って思われがちじゃないですか、世の中的には。でも、そうじゃないですよと。しかも生徒たちのレポートを全員分読んで、教材をつくるんですよね。だとすると毎日恐ろしい時間がかかりませんか？

イモニイ　それね（笑）。よく聞かれるんですけど、まちまちなんですよ。まちまちなんですけど、レポート読みの時間も入れて、プリントも細部までこだわってつくったら、かかるときは楽勝で10時間越えますよ。全然珍しくないです。

おおた　えーーーー！　試行錯誤を続けた結果、1回の授業準備に10時間！

イモニイ　若いひとたちがいきなりそこだけ聞くと「無理！」って思っちゃうといけないから普段はあまり言わないんですけど……。一度徹底的にやっていいものができたら、そこから手を抜くってことはできなくて、やめられなくなっちゃったんですよ。

第6章

「奇跡」のレシピ

15年ぶりに明かされた真実

２０１４年、イモニイのフェイスブックアカウントに友達申請があった。名前を見て、心拍数が上がった。送り主はRくんだった。

彼が学校をやめてからほぼ15年。その間、Rくんのことを思い出すたびに、強い後悔がイモニイを襲った。「臥薪嘗胆《がしんしょうたん》」の故事のように、それが戒《いまし》めとなって、教師としての自分のあり方を常に律してくれていた面もある。でも、彼がどこで何をしているのか、イモニイはまったく知らなかった。

「元気だったか？」とオンラインでメッセージをやりとりし、横浜駅前で待ち合わせた。Rくんが目の前に現れたとき、イモニイは15年間の呪いから一瞬で救われた。そこに立っていたのは、誰が見ても魅力的だとわかる、躍動感に満ちあふれた青年だった。

居酒屋で「R、ごめんな」と当時の話をした。代わりにこんなことを言ってくれた。

「井本先生には温かいっていうイメージしかなかった。フェイスブックで名前を見つけたとき、『あっ、井本先生だ！』と思ってすぐに友達申請しました」

それで安心して、イモニイは当時のことを少しずつ尋ねてみた。当時、両親とも何度も面談したけれど気付けなかった衝撃の事実がわかった。Rくんは物心ついたころからほぼ毎日、想像を絶するレベルで虐待を受けていた。

真冬に裸でベランダに出されたり、母親が父親に命令してRくんを殴らせたり。褒めてくれるのはテストで100点をとったときのみ。それ以外のことで褒められた記憶はまったくない。

栄光学園に入って、学校が楽しかった。でも帰宅途中、身体が動かなくなる。それも毎日。家に帰りたくなくて、横浜駅の階段に座って、できるだけ時間をつぶしていた。

ずっと階段にいるのもつらいので、そのうち街で遊ぶようになった。お金が必要だった。そのために、学校で盗難をくり返した。

学校をやめたあとも、虐待は続いた。まだ親は、高校受験でリベンジさせようと思っていたかもしれない。でもあるとき、とうとうRくんは母親に包丁を向けた。自分を守る最後の手段だった。

その日以来、Rくんへの虐待は収まった。

近くの公立高校に進学し、野球部に入った。勉強はしなかったが、野球には一生懸命取り組んだ。高校卒業後はフリーターになり、その後いわゆる「引きこもり」になった。パニック障害の症状も出ていた。

Rくんの家は「ゴミ屋敷」だった。自分のこともゴミだと思っていた。比喩ではなく、本当に、汚れた存在だと思っていた。だから、ゴミだらけの居間のソファを汚したくなくて、いつもソファの上にダンボールを敷いて、その上に横になって、テレビばかり見ていた。そんな生活が3年ほど続いた。

それはおそらく、必要な時間だったのだろう。あまりに過酷な状況にさらされ続けたせいで麻痺してしまっていたRくんの感受性が、かすかに動き出した。最初にそこに触れたのは、テレビに映し出された一人の少女だった。

どこかの発展途上国で、普通だったら小学校に通っているであろう年頃の少女が、一生懸命働いてようやく稼いだお金で1本の鉛筆を買って、それを真ん中で折って2本にして、1本を妹にあげて、「これで勉強ができる。うれしいな！」って言っているのを見て、涙が止まらなくなった。

「僕なんて、やろうと思ったら何でもできるのに、何をやっているんだろう」という気持ちが胸の奥から湧いてきた。と同時に、小学生のころ、「宇宙のことが知りたいな」と思っていたあの純粋な好奇心が甦《よみがえ》ってきた。

氷に閉ざされていたRくんの心が、ほんの一筋の光に照らされて溶け始めた。春の息吹のように、Rくんの心は、眠っていた生命力を取り戻していった。

神様がつくったシナリオ

「そこからの彼の人生は、神様がつくったシナリオみたいで……」とイモニイ。

外に出て、勉強しようと決めた。とりあえず有料の自習室に毎日行って、勉強することにした。毎日同じ机で勉強をしていると、ある日、一人の中年男性が声をかけてくれた。

「何してるの？」

Rくんは自分の人生を語った。すると男性は、言った。

「いいよ。オレが毎日キミに勉強を教えてあげる」

男性は予備校講師だった。それから毎日Rくんの勉強に寄り添ってくれた。

2年後、Rくんは東工大に合格した。

大学に入ってからしばらくは、人間関係がうまく築けなかった。４年間も引きこもっていたのだから無理もない。でも、似たような経験をしてきた女性と知り合い、理解し合い、お付き合いするようになった。彼女に支えられながら、大好きな物理を勉強した。大学卒業を前にして、東大大学院の有名な先生から「うちの研究室に来ないか」と声がかかった。いま彼は、東大の大学院で物理の研究を続けている。

実は現在、Rくんの弟は施設に入っている。母親から隔離するためだ。Rくんが包丁を向けて以来、母親の虐待の矛先は弟に向かった。それで精神に支障を来し、傷害事件まで起こしてしまったという。それでも母親はまったく変わらなかった。両親はすでに離婚している。

Rくんは、母親を恨《うら》んでいない。

「お母さんも、いろいろあったんだと思う。どうしようもない家族だけど、僕が家を支えるよ。精神的な苦痛だったら、どんな苦痛にだって耐えてみせる自信がある」

どん底から這《は》い上がってきた人間は強い。15年間で、Rくん自身が負の経験を肥やしにしただけでなく、イモニイもその経験を肥やしにした。

後日、イモニイはRくんを学校に招いた。自分の生徒に授業をしてもらうためだ。「オレなんかが行って、本当にいいんですか?」と戸惑うRくんを、「来ればみんな温かく迎えてくれるから」と説得した。そこが本当にイモニイらしいと私は思う。それがRくんにとってどれほどうれしいことだったたか。

Rくんの特別授業を見て、イモニイ自身が強く思うところがあった。

「子育て本とかに『子どもが小さいころにこんなふうに育てるといいですよ』みたいなのがあるじゃないですか。『大きくなってからでは間に合わない』みたいなこともよく言われる。でも僕はそんなことはないと思っていて。ひとはそれぞれ、いろんな人生を送っていまがあって。それがぜんぶダメっていうことは絶対なくて。ネガティブな経験やコンプレックスや心の傷があっても、それを魅力に変えるお手伝いができるのが教員なんじゃないかと思っているんですよ」

イモニイは15年前に自分がRくんに向けて歌った「旅立ちの君」の歌詞を思い出した。

つらいこの時が君の輝きに変わる日が来るさ

「ホントに祈りを込めてあの歌をつくったのだけど、祈りが通じたような気がして、ホントに良かったなと思って……。現在の彼は、中1で初めて出会ったころとまったく同じで、もうキラキラしてるんですよ」

イモニイは目を細める。

せっかく入学した超進学校を去り、20歳を過ぎてようやく再起動したRくんだって、こんなに輝けるのである。「手遅れ」なんてことは絶対にない。歌詞に込めた祈りが確信に変わった。

子どもはいつだって「いま、ここで輝く」。ありのままを認めてくれるひとが、誰かひとりでもいれば。

それが、子どもの「いいところを伸ばす」のではなくて、「いまその子がもっているぜんぶが価値だ」とする「いもいも」の理念にもつながっている。

教育の軸足を「いもいも」に移す

最近、イモニイは大きな決断をした。2019年の春から、自分の教育の軸足を、栄光学園から「いもいも」に移す。

栄光学園では中1と中2の全クラスで授業を受けもつが、週当たりの担当授業数は減らす。一方で、「花まる学習会」の高濱正伸さんの全面的支援を得て、「いもいも」の活動を拡大する。高濱さんからは「赤字でもいいから、イモニイの好きなように自由にやってほしい」と言われている。イモニイの思い通りの教育をして、一人でも多くの子どもがプルッとしてくれて、それが世に知られれば、日本の教育の常識を変えるきっかけになると高濱さんは考えている。

今回イモニイは、経済的にも学力的にも恵まれた子どもたちだけを相手にするのではなく、自分がリーチできる教育の裾野を広げる決断をしたことになる。

イモニイの教育に対する視野が広がったのには、児童養護施設やセブ島での経験が大きかったことは前述の通りだ。そこには思わず目を背けたくなるような現実があったが、同時に、いつか自分はそこに足を踏み入れることになるのではないかという予感があった。

さらに、Rくんとの再会がイモニイの呪縛を解いた。

「目を背けたくなるところにこそ、眼差しを。そこに見るのは、固く縮こまった友であり、自分だから」。イモニイが自身の心意気を表現した言葉だ。

自分が自分でいるために、つまりイモニイ自身が「変態」であり続けるために、新しいステージに挑戦する機が熟した。

目指すは「解脱」

30歳で「授業の職人になる」と決めた。40歳で、「授業人として飛び回りたい」と思った。自分の信じる授業を世に発信しようと決めたということだ。そして50歳。いまの心境は「どんな子どもを見ても心の底から『魅力的だなぁ』って思えるようになりたい」だと言う。

イモニイでもまだときどき、負の感情を抱くことがあるというのは意外だった。イモニイのそんなところを私自身は見たことがないからだ。本人も、「授業のなかで怒鳴ったりってことは、もうまったくないですね」と言う。式典などで生徒の気がゆるみすぎそうなときには、ちょっとふざけたヤンキーっぽく「ッター、ォメー、オラー」とコミカルに指摘して気付かせるだけ。

「たぶん、栄光学園に入ったときといまを比べたら、かなり進歩していると思います。新米のころは、生徒の言動を『許せない』と思ってしまったこともあったと思うんですよ。毎週のように通っている児童養護施設の子どもたちにしたって、かわいいことばっかり言うわけじゃないじゃないですか。ときどきホントにひどいことを言われたりするけれど、一度関係ができちゃうと、本当は自分を見てほしいだけなんだなとわかるからイライラしない」

でも部活では、まだ未熟なところが出てしまうことがあると告白する。

「勝利至上主義とかそんなことは全然ないんですけれど、つい熱くなってしまうことがあります。ときどきイライラが抑えられなくなって、怒っちゃうんですよね……」

教室とフィールドの違いは何か。

「僕、サッカーの経験はないじゃないですか。技術的なこととか戦術的なこととかは自分なりに勉強しましたけれど、やってみせることができない。だから基本的にサッカーには自信がない。それでも、できない生徒たちを目の前にして『できるようにしてやらなきゃ』という〝責任感〟が強くなると、今度は彼らをコントロールしたくなっちゃうんです。それでうまくいかないと、イライラしちゃって、つい怒ってしまうことがある」

かつてRくんに対する〝責任感〟が目を濁らせたのと同じだ。

ということは、いまイモニイが教室の中で小言を言ったり怒ったりしなくなったのは、年をとって人間的に丸くなったからでもアンガーマネジメントを身に付けたからでもなく、教師としての技術に自信がもてたからだ。技術的な裏付けなしに、聖人のようには振る舞えないのである。

そう考えると、わが子を思う親がつい子どもを追いつめてしまうのも仕方がないとわかる。要するに、親としての自信がないのだ。当然だ。ほとんどの親が、親として新米のまま親の役割を終えていくのだから。30年以上をかけて40人以上を育てた、セブ島のナナイのようにはなれない。

だからといって自分の怒りを正当化してはいけないと、イモニイは自分自身に言い聞かせる。

「自分がイラッとしてしまうということは、そこに自分のなかにもある弱さを見いだしているはずなんです。だからイラッとしてしまうんです。その子のなかにある未熟な部分、弱い部分を認めてあげることは、結局は自分自身のなかにも同じくある未熟な部分、弱い部分を認めてあげることになるんです。だから僕は、『子どもたちのことを承認する』なんて言っていますが、実は、子どもたちを通して自分自身を解放させてもらっているんだと思うんです」

要するに「情けは人のためならず」である。教師自身が解放されないうわべだけの「承認」ではダメだという意味でもある。

「こんなことを教えたい」とか「こんな授業ができるようになりたい」とか「こんな教育を実現したい」というのではなく、「子どもに対するあらゆる煩悩《ぼんのう》から解放されたい」すなわち「自分自身があらゆる煩悩から解放されたい」が、イモニイの現在の目標なのだ。

「世の中にはきっといろんな子がいて、僕なんかではまだ受け入れられない子もいると思うんだけど、そういう子を見ても、『本当にかわいいな、最高だな』って心から思えるようになりたい。いろいろな子どもと出会いたい」

解放されたい。ほとんど解脱みたいな意味だ。教育を通じて悟りの境地を目指しているかのようである。

ここから先は、しばしイモニイの一人語りをそのまま記すこととする。

＊＊＊＊＊

解放されたいっていうのは、結局「何に価値を感じるか」という話です。生まれや育ちなど、本人にはどうにもならないいろんなことで「得やすい・得にくい」って差がつくようなものには価値がないと思っている自分がいます。それって、もっと大雑把に言ってしまえば、「そもそも何にも価値がないよ」って話で。

「キミのこういうところはいいところだね」とか「こういうところは直したほうがいいよ」じゃなくて、その子がポッとその場にいるならばそれだけで価値だと思うんですけれど、心からそう思えているかというと必ずしもそうではない。でもそう思えるようになりたいという自分がいる。

つい「この野郎」と思っちゃうことがあるんだけど、この怒りってもともとは自分のなかにある何かの投影でしかなくて、どうやったって正当化できないよなと思っています。怒りを消すために、自分のなかの余計な価値観をどんどん捨てていった。

捨てるといっても、なかなか捨てられないから、たとえばRくんみたいな出会いがあって、後悔して、やっと手放す。

でもこれをずっとやっていけば、この世の中のどんなものにも価値を見出さなくなる。それが、本当の意味で自由になれるということなんじゃないかと。

「自分が変わるためにこうしよう、ああしよう」みたいな作戦は、僕は全然考えないのだけど、「こうなりたい」っていう意欲って大事だと思っています。小さな意欲でも全然良くて、心から願ってあきらめないことが大切だと思うんです。

どんな子に会っても、どんな大人に会っても、「最高だね」って思えるようになりたい自分がいます。どうしたらそうなれるかなんてわからないけど、これまでの人生を振り返ると、小さい意欲でもそれをずっともち続けていれば、ちゃんとそういう方向に進むようになることはわかってる。

いま「いもいも」に夢中になっているのも、先に明確な目標があるわけではなくて、その方向に自分が目指すものがありそうだという予感があるだけです。

でも間違いなく、「いもいも」の子どもたちの魅力や、その魅力に引き寄せられて集まってくる大人たちの魅力を世に発信する意味は大きいと思っています。

世間一般の常識では「それダメでしょ」とツッコまれるようなことでも、「これが彼らの魅力です」と発信することで、「え、それって怒るところじゃないんだ」みたいな視点が得られる。そうすれば、怒りの感情が消えていく。凝り固まった常識が覆《くつがえ》されていく。それでも、子どもたちも大人たちもこんなに幸せそうに笑えるんだぞということを知ってもらいたい。

　いままでの科学の発展の歴史のなかで、正しいと思われていたことが覆ることって何度もあったんです。でもほとんどの場合、間違っていたのは論理ではなくて、前提なんです。

　どんなに綿密に論理を組み立てても、前提が変わればぜんぶ違うことになる。つまり正しさはもろい。

　たとえばわかりやすい例でいえば、幾何の授業のなかで、子どもたちが論理を間違うってことは実はほとんどないんですよ。たとえばこの図14を見てください。?の長さを求めなさいといわれたとき、三角形の底辺の長さは6で、それを二等分してい

図14

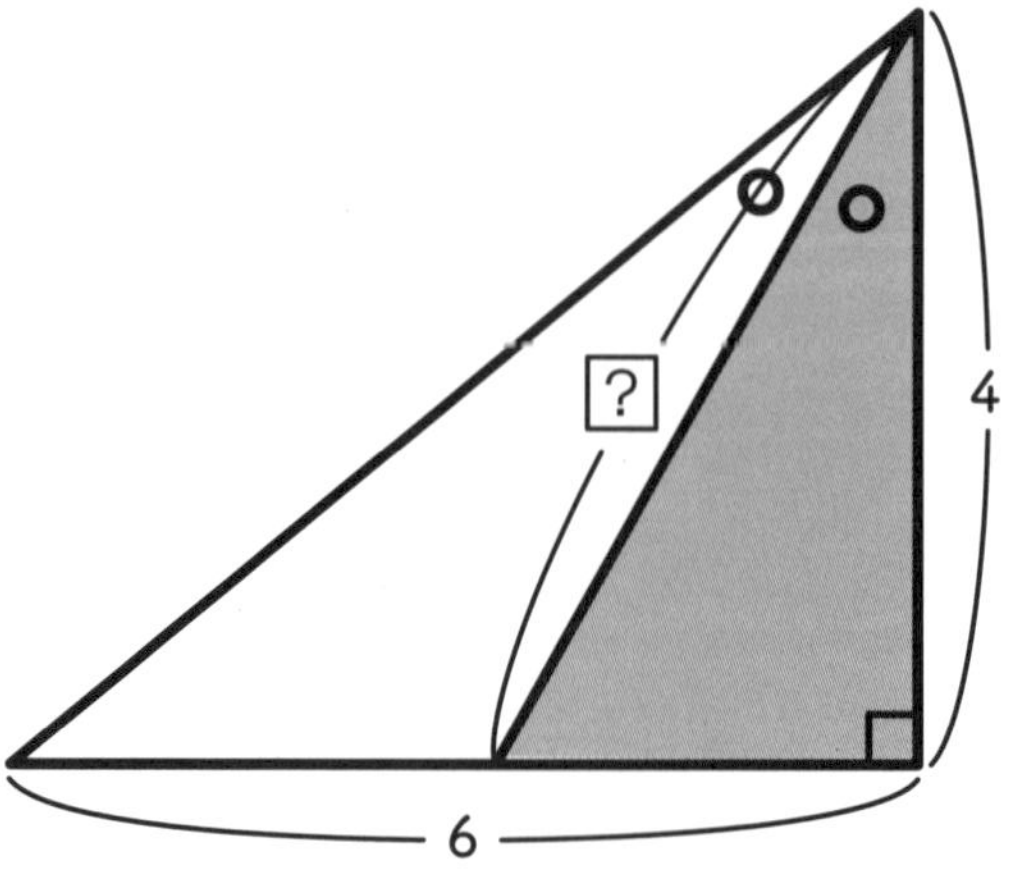

るから、斜線の直角三角形の底辺は3で、3：4：5で、?は5だと言って間違える生徒が栄光学園にもたくさんいます。

図15のような場合はたしかに底辺が二等分されることを彼らは知っているから、無意識でそれを根拠にしちゃうんです。

でも、間違えていた。ではどうするか。根拠を意識化するんです。自分はなんでそう思ったんだろうと振り返ったときに、たとえば「この角が二等分ならここも半分になるから」と言語化しますよね。その瞬間に「あれ、それってホントかな?」と気付くことができます。

正しいはずのやり方でやったのに間違いという結果になってしまったときに、試行

図15

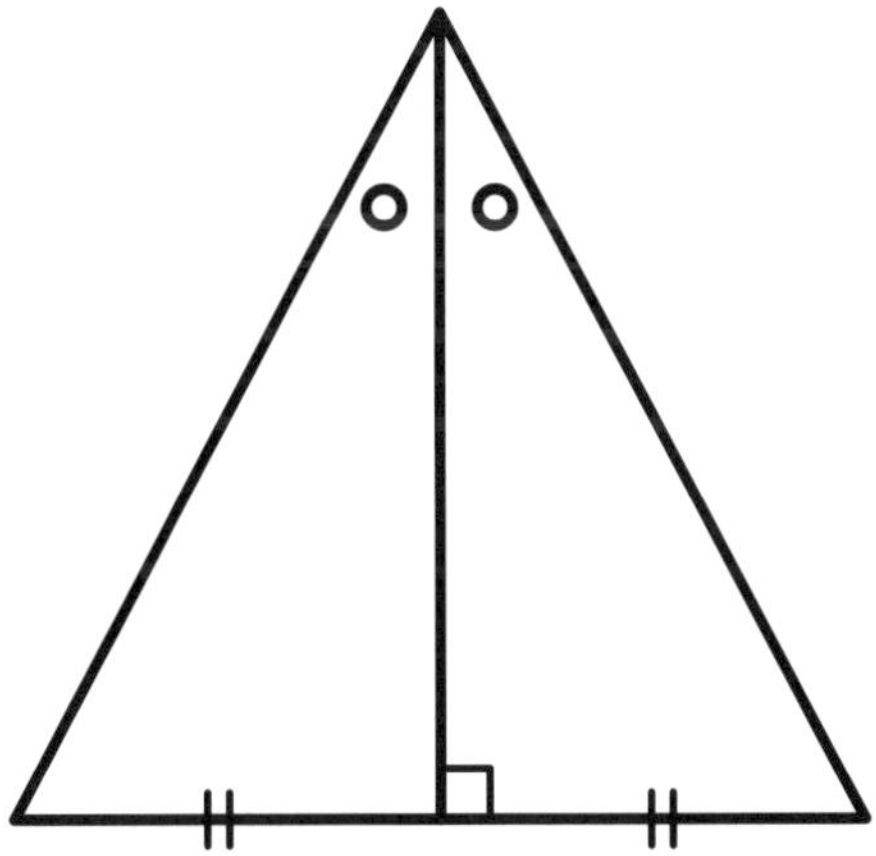

錯誤できるひとというのは、そこで根拠まで遡《さかのぼ》って意識化できるんです。でも中学生くらいだと意外にできないんですよ。

たとえば図16で、AB＝ACを証明する場合。「∠Bと∠Cは等しいから、二角夾辺相等で合同だからAB＝AC」ってやる生徒が多いんです。これを「鍵」で表すと（き）だけです。でも、本当はそのまえに三角形の内角の和は180度であるという（け）の「鍵」を使わなきゃいけない。そうでなければ∠Bと∠Cが等しいとはいえない。だから正解は（け）（き）。

（け）が必要であることがパッとわかるかどうかというところで、ものごとを哲学的に厳密に考えることができる子かどうかが、

図16

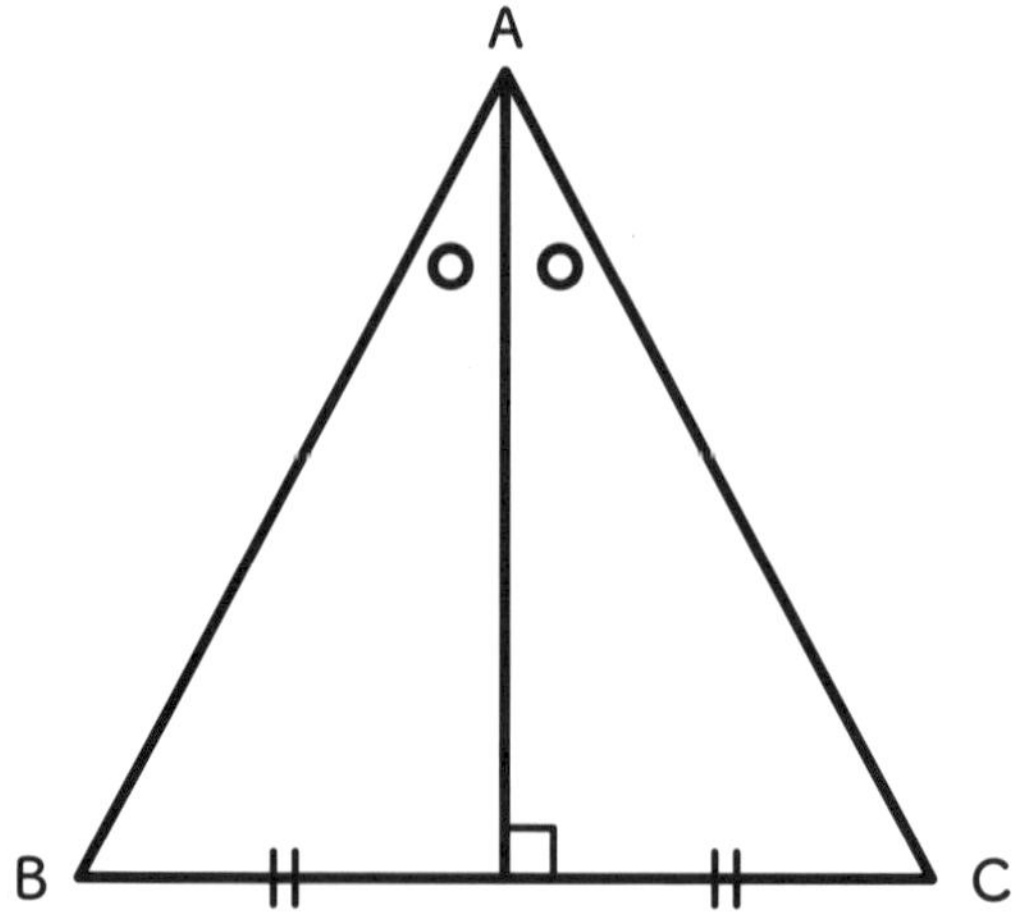

露骨にわかるんですよ。最初から㋘って書ける子は、そのあともかなりいけちゃいますよ。

まあ厳密にいえば本当はAからBCに垂線を下ろせることも証明しなきゃいけないし、平角を二等分できるってこと自体が本当かどうかもたしかめなくちゃいけない。掘るほど根拠はなくて、「ここまでは正しいことにしちゃおう」という公理公準っていろいろあるんですけれど、そこまでやると死んじゃいますから（笑）。

いずれにしても、普通に問題を解く場合は、文章で書くから、そこまで意識化しなくても正解の答案はつくれます。でも「鍵」で表すとごまかしがきかない。「㋖だけじゃ足りないよ」と指摘されて、「えー、なんで?」と一生懸命考えて、自分が無意識に㋘を使っていることにようやく気付ける。その効果を狙っています。

正しいと思っていたことが間違っていた場合に、自分の論理的思考のどこかに思い込みが紛れ込んでいることを疑えるようになる。そして自分のなかの思い込みを意識化できるようになる。これはトレーニングすればできるようになります。

これができると、試行錯誤ができるひとになりますし、他人と意見が食い違ったときにも、前提の違いにまで立ち戻って相互理解の糸口を探し出せるひとになります。

最初から教科書的な順番でやっていくと、間違えるチャンスがなくて、自分のなかの思い込みに気付く力を鍛えられない。教科書的な教え方で間違えても、理由は「教科書と違う」だけになってしまう。

だからあえてちょっと難しい問題をポンと与えて、好きなようにやらせてみるんです。そうすると、当然間違えるんだけど、間違いのなかに発見があるから面白い。面白いから夢中になれる。そうこうするうちに自然に試行錯誤ができるひとになり、意見の違う他人とも共通の前提を見出せるひとになる。

栄光学園や「いもいも」の教室で起こっていることって、そういうことだと思うんです。いかに論理的には正しくても、結果的な正しさは全然もろい。前提が変われば世界が変わるってことですよね。「試行錯誤」って要するにそういう視点に立てるかどうか。

結局、「幸せ」ってものもそうなのかなと思っていて。

お金持ちになるとか、有名になるとか、そんなところに価値はなくて、いままで見えていたまったく同じものが、ある瞬間にすごく輝いて見えるようになるって体験が「幸せ」なんじゃないかな。その瞬間を「奇跡」というんだと思うんですよ。

「いもいも」の教室だって、見方によっては「うるせーだけじゃん」ってなる。でもそう思っていたひとの視点が変わった瞬間に、子どもたちの輝きに気付けるようになる。この瞬間が「奇跡」だし、ひとはまたひとつ「自由」になれるってことですよね。

逆にいえば、奇跡ではない世界つまり現実をつくっているのは私たちが無意識にもっている無数の思い込み。現実こそ思い込み。その思い込みがものごとを複雑にしてしまい、人々の身動きを封じる。そうやってひとは不自由になっていく。年をとるごとに人生が不自由になっていくってそういうことなんじゃないですかね。

でも論理的に考え、手を動かし、間違え、根拠を疑い、試行錯誤して、思い込みをひとつずつ捨て去ることで、ひとは再び少しずつ自由になれる。

だから根拠を意識化することで、その思い込みかもしれない根拠の外にいったん出てみるってことが大事なんですね。そうやってあらゆる前提を疑ってみる。勉強や学問をするときも、そういう視点で取り組むと面白くなってくる。そうすることでひとは自由になれるのだと思います。

その意味では、僕は自由になるために教育に携わっているのだと思うし、子どもたちにも自由になってほしい。子どもはもともと自由なんだけれど、成長に伴って社会化していくなかで、たくさんの思い込みを身に付け、不自由になっていく。それは仕方がない。だからこそ、自由になる方法を身に付けてほしい。自分で奇跡を起こせるひとになってほしい。

僕はそれを幾何という観点から僕なりの方法で提案するけれど、そのほかの教科だって、僕とはまったく違うキャラの先生たちだって、それぞれの教科の観点からそれぞれのキャラを活かした方法で同じことができるはず。僕のやり方をまねする必要なんて全然ない。

僕は自由な発想でさまざまな仮説を立てます。問いを立てるといってもいい。「その仮説が正しいならば、どんな教材を用いてどんな順番で話をしてどんなふうに子どもたちに取り組ませるのが正解か」をごまかさずに考え抜く。

「これはイケるんじゃないか」という感性ありきで、その仮説が間違っていないかを吟味《ぎんみ》する。理屈はあとから付いてくる。もし間違っているとしたらどこでどんなことが起こるか、もし正しいとすれば子どもたちにどんな変化が見られるかを想定して教室に向かう。間違いは正し、正しかったことは次の授業の前提とする。そうしていまの教え方ができてきた。

教師が試行錯誤あるいはトライアンドエラーをするなんていうと、「失敗だった授業を受けさせてしまった生徒への責任はどうとるんだ」というツッコミがあるかもしれない。でも失敗に見える授業からも子どもたちは学ぶことができます。子どもたちは大人が思う以上にたくましいから。

そしてそもそも完璧な授業なんてありません。教師が自分の授業を完璧だと思っているのなら、そのほうが危険でしょ。

教師なんていちばんトライアンドエラーをやりやすい職業ですよ。だって1つのレッスンプランを、1日で4クラスで試してみてそのたびに改善することができて、それを毎日やれるんですから。1年で何百回も改善のチャンスがある。1つの完璧な形にこだわるよりも、常に改善するスタンスでいたほうがいい授業ができるに決まっています。

数学なら、問題が与えられて、間違えることができます。でも普段生活しているなかでは、自分で問いを立てなければ間違えることもできません。教師も同じです。

自分で問いを立てるときに重要なのは、理屈ではなくて感性です。哲学者だって科学者だって、「あれ?」って思う瞬間って、理屈で発見するんじゃなくてきっと感性じゃないですか。「あれ、ここなんか変だぞ?」って。高濱さんも感性がすごく大事だって言ってますよね。

感性はひとそれぞれ。僕の感性をまねする必要はまったくないんです。でも、目の前の生徒たちに対する感度を高めておくことは、教師にとってとても大事なスタンスだと思います。断片的なエビデンスをいくら積み上げたって、目の前の生徒たちが伝えてくれる情報には到底およびません。

感性っていうとあやふやなもののように思われちゃうかもしれないんですけど、理屈を超越したものみたいにとらえてほしいなと思います。

僕の座右の書に『木のいのち木のこころ』というのがあります。古代から伝わる宮大工の技術を継承した棟梁《とうりょう》が著した本です。そこに書いてあることって真理だと思うんです。何かというと、飛鳥時代に建てられた木造の建物はいまでも建っているのに、それ以降に建てられたものは全然残っていないと。要するに、木に対する眼差し、理解、扱い方が、飛鳥時代までとそれ以降ではまるで違う。

当然、飛鳥時代のひとたちが、木についての科学的なエビデンスをもっていたわけじゃない。千年残そうという目的があったわけでもない。ただ、目の前にある木と対話して、それぞれの木の特性をいちばん活かせる方法で使っただけだと思うんですよ。その結果、その建物は千年以上残っている。

そこは理屈じゃなかったんだと思うんですね。もっと感覚的に、感じるままに、木からのメッセージを受け取り、木から教わった結果だと思うんです。素直な感性に添うようにしてやったことが、あとから考えれば、理にもかなっていたというだけで。

相手が植物であろうが、動物であろうが、人間であろうが、生き物を相手にするってそういうことじゃないですか。それを感じとる力って、もともと生き物にはあるはずですよね。教育も同じだと思いますよ。

いま教育に関してもエビデンスとかっていろいろ言われていますけど、エビデンスで動いているひとたちもきっと「あれっ？」って違和感をもっていると思います。千年長持ちする建物はそれではつくれない。

たぶん卓越した教育者って、そんなまどろっこしいことはしていなくて、「なんかこれはいけないいな」とか「これいっちゃおう」とかそういうことが先にあって、あとから理屈が付いてくるんだと思うんですよね。その代わり、うまくいかないときにはちゃんと根拠まで立ち戻り、試行錯誤している。

エビデンスなんていわれたら、それが正しいっていう保証ができちゃうわけだから、目の前の子どもたちがどうであってもバンバンやっちゃいますよね。僕が〝責任感〟のせいで目の前の子どもを正しく見ることができなくなってしまったのと同じで、エビデンスに頼る時点でどんどん見えなくなると思う。

エビデンス自体は否定しないけれど、現場の感性と食い違うエビデンスを信じるのはやめたほうがいい。そのエビデンスを導き出した前提自体が、実際の現場とは違っているかもしれないんだから。

既存の教育の効果をエビデンスとして測定することはできると思いますが、エビデンスから新しい教育をつくることはできない。

新しい教育をつくるのは常に現場の教師の感性だと思います。

＊＊＊＊＊

最後に、本書にちりばめられた数多くの示唆に私なりの補助線を加えていきたいと思う。

論理的に試行錯誤できる力

「変態であれ。外から与えられた思い込みに惑わされるな。徹底的に自分の頭で考えよう。

そうすれば、自由になれる。そのさきにたぶん、本当の幸せがある」

イモニイのメッセージを詮《せん》ずるところ、こうなる。

「徹底的に自分の頭で考える」ためには、正解のない問いに対して試行錯誤できる力を鍛える必要がある。ただし幾何の問題でも、やたらめった補助線を引いくのではダメ。効果的な補助線を引けそうな可能性のある箇所を論理的に絞り込まなければ先には進めないのと同様に、論理的な筋道を立てて試行錯誤できるようにならなければならない。

それが「ものごとの道理を見極める」ということだ。

その実践例としてぜひ参照されたいのが、『男のパスタ道』という本だ。

ペペロンチーノという最もシンプルなパスタ料理を最高の味に仕上げるために、麺をゆでる時間や水の量、使用する油や塩の種類や量、ニンニクと唐辛子の炒め方などの要素を一つ一つ分解し、それぞれに論理的にアプローチし、最適解を見出す。麺をでんぷんとタンパク質に分離したうえでゆでて、最適なこしをつくりだす方法を見出すような膨大な手間をかける。

その集積として、最高のパスタのレシピが完成する。たった1つのレシピのためだけに本一冊、14万字をまるまる費やした、まさに「変態」な本である。単なるこだわりの料理本ではなく、試行錯誤の教科書であると、私はとらえている。

著者は実は、「いもいも」のスタッフでイモニイの同級生でもある料理研究家の土屋《つちや》敦《あつし》さん。イモニイと土屋さんの思考作法が、幾何と料理という分野の違いはあれど、ぴたりと一致するのが面白い。二人で申し合わせたわけではない。

世間では論理的思考力が大切だとよく言われているが、「実は論理で間違えることは少ないんですよ。論理の根拠が間違っている場合がほとんどなんです」とイモニイは言った。

そのことも、『男のパスタ道』を読むとよくわかる。最高のレシピを考案する途中で、土屋さんは何度も行き詰まる。しかしそのたびに論理を遡り、自分が前提としていた根拠が間違っていたことに気付く。前提を取り替えて、その上に新たに論理を積み上げていけば、解けなかった難問が解けるようになる。

試行錯誤をしたくなる条件設定

正解のない問いに対して試行錯誤できる力を鍛えるためには、実は正解のある問いに徹底的に取り組む必要があるとも、イモニイは体験的に感じている。正解にたどり着くまでごまかさないで考え続ける経験が豊富な子どもほど、正解のない問いについて論理的にごまかさずに突き詰める力にも長けているからだ。

ただし、いくら正解のある問いに取り組むとしても、単なるドリルやパターン学習ではダメ。教えられた解き方を再現するだけでもたしかに正解にたどり着くことはできるし、大学受験勉強程度ならかなり難易度の高い問題でもクリアできてしまうが、それでは自分の頭で考えたことにはならない。

間違えないように、一歩一歩正しいことだけを教えられて、その通りに問題を解くだけでは、試行錯誤のチャンスがない。試行錯誤の経験がなければ、初めて見る問題に取り組んで思ったような結果が出なかったとしても、試行錯誤の仕方がわからず、お手上げになってしまう。それでは世の中のほとんどの問題に対応できない。

誰かが常に指示を出してくれるのならそれでも生きていけるかもしれないが、それではいつまでたっても自由にはなれない。うまくいかないことがあれば、ひとのせいにするようになる。いつも不安な人生だ。

そうならないためには、正解のある問いに対しても、試行錯誤をさせる必要があると、イモニイは言う。正解がある問題だからこそ、間違いがはっきりする。「こんな感じでいいんじゃない」とはごまかせない。

根拠という名の思い込みに気付いた瞬間、自分を縛っていたものから解放される。自由になれる。ものの見え方が変わる。それが幸せであり、奇跡なのだと、イモニイは言う。

「正しいと思ったのに、どこが間違っているんだ?」と思って、試行錯誤する段階にこそ時間をかける。だから、イモニイの授業では、授業中に答え合わせをしない。与えられた問題はそのまま家に持ち帰る。答えがわからないまま放置されるから、モヤモヤが続き、家に帰ってからもつい考えてしまう。答えがわかったら、レポートにして提出する。

それをぜんぶ見たうえで、イモニイが次の授業で解説する。解説の際も、いきなり正解を示すのではなく、実際の生徒たちの誤答を用いて、どの根拠が間違っているのかを生徒たち自身に気付かせる形で授業を進める。

それをくり返すことで、自分の頭で考え、間違えたときには自然に試行錯誤ができる生徒が育つ。正解のある問いに対して試行錯誤する癖を付けることで、最終的には、正解のない問いに対しても試行錯誤をくり返し、ぎりぎりのところまで正しさを追求し続けることができるようになる。

これも『男のパスタ道』のなかに実例を見いだすことができる。最高のペペロンチーノのレシピは最終章に書かれている。そこを見れば、最高のペペロンチーノをつくることはできる。

ただし、そこだけを見てレシピをまねしただけでは、それが最高のペペロンチーノであるという納得感が得られない。土屋さんがそう言っているだけである。それに、パスタの太さや種類が変わったら、応用できない。

でも、試行錯誤の末にできあがったレシピの理屈をきちんと理解しておけば、太いパスタしか手元にない場合でも、どれくらいのゆで時間にすれば良さそうか、見当が付くようになる。土屋さんのペペロンチーノよりももっと歯ごたえのあるアルデンテにしたいなとか、もっととろみのあるソースにしたいななどと思ったら、自分の頭で考えて、調整することができる。それでうまくいかなければ、土屋さんの試行錯誤を参考に、自分で試行錯誤すればいい。

つまり、自分で新しい問いを立て、道理を見極め、試行錯誤しながら、答えに近づくことが、自分の頭を使ってできるようになる。

論理だけでは前に進めない

論理ではなく根拠を疑う思考法は、コミュニケーションにおいても役に立つ。

意見がぶつかり合うとき、「考え方」が違うことは実は少ない。違うのはやはり「前提」だ。お互いの結論をぶつけ合うのではなく、お互いが立つ前提に目を向ければ、違いの理由がわかる。違いの理由がわかれば、話し合いの糸口がつかめる。それが、前提を共有していない相手とのコミュニケーションの作法である。これができないと、ダイバーシティ社会のなかで、孤立してしまう。

ひとはみな、自分なりに論理的に考えている。だから自分の考えが正しいと思っている。でも、前提となる根拠が間違っていたら、その上にどんな緻密な論理を組み立てても正しさは得られない。だから、人間は理路整然と間違えることができてしまう。

同じことが、いま話題のＡＩ（人工知能）にもいえる。ＡＩがいくら高度なディープラーニングを実行したとしても、前提が間違っていたら、結論はとんでもないことになりかねない。ＡＩに前提をインプットするのが人間である以上、それが１００％正しいなんてことはあり得ない。だとすれば、将来ＡＩがはじき出す結論はかなりの高確率で間違っているはずだ。

それを修正するのが人間の感性ということになるだろう。

論理を重視するイモニイが、同時に感性の重要性を訴える理由もここにある。

私たちの知識体系では、宇宙の成り立ちのごくごく一部しか解明できないが、私たちの感性は、自分たちのまわりに無限の宇宙が広がっていることを実感として知っている。エビデンスなんて確認するまでもなく、恋をすれば心が弾《はず》み、嘘をつけば自分の心も痛むことを知っている。熟達した宮大工なら、木と触れ合うだけで、どこの柱に使うべきかを判断できるし、料理人なら、いちいちうまみ成分など計測しないで、その魚を最もおいしく食べる料理の仕方を判断できる。

論理と感性は、正しさに近づくための車の両輪であるわけだ。

ただし、試行錯誤をくり返すのは楽ではない。場数を踏まないと感性も磨かれない。くじけそうになるのは当然だ。でも、イモニイの生徒たちはそう簡単にはくじけない。「承認」の空気が、教室を満たしているからだ。論理と感性が車の両輪だというのなら、承認はエンジンに新鮮な空気を送りこむことにあたる。そうすることで、エンジンが最大限に力を発揮して、車の両輪が力強く回る。

これはイモニイが児童養護施設での学習支援で気付いたことだった。承認された経験が少ないと、何かを達成しようとする意欲が湧きにくい。挑戦すること自体に臆病になる。そういう傾向を児童養護施設の子どもたちに感じた。それで、ありのままの子どもを承認するようにした。すると、子どもたちも変わった。

それから児童養護施設に限らず、学びの場の環境設定として、しつけや規範意識よりも承認を優先するようになった。すると、子どもたちはどんどん試行錯誤して、意見の違う友達とも積極的にコミュニケーションをとるようになることがわかった。これが、「奇跡」に見えるのだ。

イモニイの「奇跡」のレシピは、論理と感性の両方に裏打ちされ、承認の力で仕上げられていたわけである。

そしていま、イモニイ自身がより良い教育のあり方を模索するために、学校という枠組みを飛び出すと決めた。正解のない壮大な問いに挑むことになる。

でもイモニイは独りじゃない。この壮大な問いに挑もうとする仲間が、イモニイのまわりに続々と集結している。高濱さんであり、川島さんであり、「いもいも」のスタッフたちであり、イモニイを慕う子どもたちである。私も微力ながら、協力していきたいと思っている。

お互いを認め合って、力を合わせ、時間をかければ、どんな難問も必ず解けることを、イモニイはこれから証明してみせるはずだ。

おわりに

はじめてイモニイに会ったのは、2011年11月13日だったと、私のスマホが記憶している。共通の友人Sを介して、3人で食事をした。すごくピュアな先生なんだなというくらいの印象しかなかった。

半年後くらいに、ようやく授業を見学させてもらうことにした。正直に言えば、特別驚きはしなかった。「授業はこうじゃなきゃ、これぞあるべき姿だ」と思ったからだ。

それからときどき2人で食事をするようになった。私の著作に意見をもらったりもした。イモニイの相談に乗ったこともある。「おおたさん、フリーランスって大変ですか?」みたいに聞かれて、「大丈夫、必要なのは覚悟だけですよ」なんて、イモニイの教育に対する並々ならぬ覚悟を知らずに言っていた自分がいまさらながらに恥ずかしい。

定点観測的に、ときどき授業を見学に行った。見るたびにイモニイが、進化しているような気がしていた。

本書を書くために、イモニイと徹底的に語り合い、進化が気のせいではなかったことがわかった。

私との出会いのあとに、Rくんとの再会があり、セブ島での経験があり、川島さんとのアジア行脚があり、「いもいも」教室の開始があったのだ。

「花まる学習会」の高濱さんからも「イモニイすごいよね。イモニイはもっと世に知られなきゃいけないひとですよ。おおたさん、イモニイのこと書いてくださいよ」と言われていた。

2018年春に、再びSを交えてイモニイと食事をしたときに、「『いもいも』に軸足を移そうと考えている。学校の了承も得た」と聞いた。

「それならば」と、イモニイについてひとまずインターネットの媒体に記事を掲載することにした。多くのひとに読まれた。そこで、「これ、本にしようよ」と言ってくれたのが高濱さんだった。

それからどれだけの時間をイモニイと過ごしただろうか。いっしょにいるときはイモニイはずーっと子どもたちや教育の話をしている。おそらく私といるときだけではない。誰といるときでも、起きている間は1日中、ずーっとそんな話ばかりしているのだ。

「いもいも」のキャンプで、同じ部屋で寝ていたときには、何度も寝言で起こされた。はっきりとは聞こえないが、明らかに生徒に対する口調で何かをもごもごしゃべっている。

明け方の寝言ははっきりと聞こえた。

「オマエの母ちゃん、すごいな。すごいことだと思うよ」

夢のなかでまで親子を承認していた。そのことを本人に伝える。

「オレ、夢のなかでも先生してるんだな」

すごく恥ずかしそうに、でも満足そうに、そして子どものように笑う。文字通り「寝ても起きても先生」なのである。

イモニイのまわりには、これまたピュアで素敵なひとたちが自然と集まってくる。「いもいも」の生徒の一人は、「いもいもの大人たちは信用できる」と言っていた。その感性は正しいと思う。イモニイを中心に集まる彼らといっしょにいると、私も心からほっとできる。

イモニイは清らかな泉のような存在だ。そのまわりに草が生え、木が育ち、オアシスができる。心地がいいから、虫や鳥が飛んでくる。小動物も集まる。平和なユートピアが生まれる。実際に「いもいも」にはそういうムードがある。

イモニイはやはりカリスマだ。誰もがイモニイになれるわけではないかもしれない。それでも、自分のなかにあるイモニイ的な部分をちょっとでも大切にして、勇気をもって発揮すれば、自分のまわりに小さなオアシスができるかもしれない。

不安な保護者がいつでも休める小さなオアシスが社会のいたるところにあれば、子どもたちも安心してのびのびと育つことができるだろう。小さなオアシスが、そこの小学校にも、あそこの中学校にも、あっちの高校にもできれば、教育はきっと変わる。いつの間にかじわりじわりと、気付いたら「あれ、こんなに変わっていた！」というように。

教育はそうやって変わっていくべきだと思う。法律や制度の力で一気に変えるのではなく。だって教育とは、いのちの営みだから。いのちの力を信じることだから。それそのものが生き物だから。

教員であれ親であれ、子どもたちの未来を思う誰の心のなかにも「イモニイ」がいるはずだ。全国の「イモニイ」に、本書を通して「承認」が届けば幸いだ。

いま、ここで輝《かがや》く。

超進学校を飛び出したカリスマ教師「イモニイ」と奇跡の教室

2019年5月20日　初版発行
2019年6月11日　3刷発行

著　者　おおたとしまさ

発行者　小林真弓
発行所　株式会社エッセンシャル出版社
〒103-0001 東京都中央区日本橋小伝馬町7-10
ウインド小伝馬町Ⅱビル6F
Tel 03-3527-3735　Fax 03-3527-3736
URL https://www.essential-p.com/

ブックデザイン　大悟法淳一、神山章乃（ごぼうデザイン事務所）
川本真理（カバーデザイン）
撮影　久富耕輔

印刷・製本　シナノ印刷株式会社

ISBN978-4-907838-98-0 C0095